Honorare und Recht für Models

HONORARE UND RECHT FÜR MODELS

KöGa-Liste 2011/2012

**DANIEL KÖTZ
UND
EVA GABRIEL-JÜRGENS**

Bibliografische Information der Deutschen Nationalbibliothek
Die Deutsche Nationalbibliothek verzeichnet diese Publikation in der Deutschen Nationalbibliografie; detaillierte bibliografische Daten sind im Internet über <http://dnb.d-nb.de> abrufbar.

Bei der Herstellung des Werkes haben wir uns zukunftsbewusst für umweltverträgliche und wiederverwertbare Materialien entschieden.
Der Inhalt ist auf elementar chlorfreiem Papier gedruckt.

ISBN 978-3-8266-9150-8
1. Auflage 2011

E-Mail: kundenbetreuung@hjr-verlag.de
Telefon: +49 89 / 2183 -7928
Telefax: +49 89 / 2183 -7620
2011 mitp, eine Marke der Verlagsgruppe Hüthig Jehle Rehm GmbH Heidelberg, München, Landsberg, Frechen, Hamburg

www.mitp.de

Dieses Werk, einschließlich aller seiner Teile, ist urheberrechtlich geschützt. Jede Verwertung außerhalb der engen Grenzen des Urheberrechtsgesetzes ist ohne Zustimmung des Verlages unzulässig und strafbar. Dies gilt insbesondere für Vervielfältigungen, Übersetzungen, Mikroverfilmungen und die Einspeicherung und Verarbeitung in elektronischen Systemen.

Die Wiedergabe von Gebrauchsnamen, Handelsnamen, Warenbezeichnungen usw. in diesem Werk berechtigt auch ohne besondere Kennzeichnung nicht zu der Annahme, dass solche Namen im Sinne der Warenzeichen- und Markenschutz-Gesetzgebung als frei zu betrachten wären und daher von jedermann benutzt werden dürften.

Zitiervorschlag: KöGa-Liste 2011/2012
Lektorat: Katja Völpel
Sprachkorrektorat: Petra Heubach-Erdmann
Covergestaltung: Christian Kalkert
Coverfotos: Kahen Grace, www.kahengrace.com
Models: Black Fantasti-X, Ryan Reiter, Ola Sheshukova, Daniel Groos
Satz: III-satz, www.drei-satz.de
Druck: Beltz Druckpartner GmbH und Co. KG, Hemsbach

Inhalt

WARUM DAS GANZE? EIN VORWORT 7
DIE AUTOREN 11
DANKSAGUNG 13

Kapitel 1
RECHTLICHE GRUNDLAGEN DES MODELING 15

    1.1 Einleitung 16
    1.2 Status als selbständiges Model 16
    1.3 Castings 18
    1.4 Minderjährige Fotomodels 18
    1.5 Die eigene Homepage 19
    1.6 Vor Vertragsabschluss – Checkliste 21
    1.7 Verträge und Vertragstypen 24
    1.8 Einzelne Vertragsklauseln 29
    1.9 Die Rechnungstellung, Fälligkeit 33
    1.10 Vertragsstörungen 37
    1.11 Bilderklau durch Dritte 41
    1.12 Keine Angst vorm Anwalt 41

Kapitel 2
DAS RECHT AM EIGENEN BILD – BILDNISRECHT 43

    2.1 Was ist ein Bildnis und wann ist es geschützt? ... 44
    2.2 Wann braucht man eine Einwilligung für die Nutzung eines Bildnisses? 47

Inhalt

    2.3   Ausnahmen vom Nutzungsverbot 52
    2.4   Ansprüche bei unberechtigter Nutzung 53

Kapitel 3
KÖGA-LISTE DER MODELHONORARE 59

    3.1   Anwendungshinweise 60
    3.2   Buyout-Arten für erwachsene Models 66
    3.3   Buyout-Arten für Kindermodels 85

Kapitel 4
VERTRAGSMUSTER 87

Kapitel 5
GESETZESTEXTE 105

    5.1   Gesetz betreffend das Urheberrecht an Werken
          der bildenden Künste und der Photographie –
          Kunsturheberrechtsgesetz – KUG 106
    5.2   Gesetz über Urheberrecht und verwandte
          Schutzrechte – Urheberrechtsgesetz – UrhG 109
    5.3   Verordnung über die Zulässigkeit der Vereinbarung
          von Vergütungen von privaten Vermittlern mit
          Angehörigen bestimmter Berufe und
          Personengruppen – Vermittler-
          Vergütungsverordnung – VermVergVO 125
    5.4   Bürgerliches Gesetzbuch – BGB 126

Index 129

Warum das Ganze? Ein Vorwort

Was ist die Nutzung einer Personenabbildung wert? Über diese Frage herrscht häufig Unwissen oder jedenfalls Unsicherheit. Die Erlaubnis zur Nutzung einer Abbildung wird vom Model normalerweise nur gegen Zahlung einer entsprechenden Lizenzgebühr eingeräumt. Dabei gilt grundsätzlich selbstverständlich der zwischen den Parteien stehende Vertrag. Häufig aber werden Bildnisse ohne vertragliche Befugnis verwendet, mit der Folge, dass der Abgebildete dann mindestens eine "übliche" Lizenz fordern kann. Die Schwierigkeit besteht darin zu bestimmen, was im konkreten Fall angemessen und üblich ist.

Die Höhe der Lizenzen für ein Bildnis kann natürlich sehr unterschiedlich ausfallen. So wird ein Top-Model andere Beträge für Lizenzen nehmen als ein unbekanntes Laienmodel. Auch der Zweck, für den das Bild genutzt wird, hat Einfluss auf den Preis. Für eine weltweite Werbekampagne ist mehr zu zahlen als für die Veröffentlichung eines Bildes in einem Stadtteilmagazin. Während Profimodels durch Vorlage entsprechender Verträge ihre individuellen "Preise" oft nachweisen können, ist dies nur gelegentlich arbeitenden Models und sonstigen Abgebildeten schwer möglich. Aber selbst wenn eine gewisse Anzahl an älteren Verträgen vorliegt, passen diese oft nicht auf die aktuell zu bewertende Situation.

Als im Fotorecht tätige Anwälte haben wir es häufig mit der Bewertung von Modelleistungen zu tun. Mit der hier vorgelegten KöGa-Liste, deren Name sich aus unseren Nachnamen zusammensetzt, soll eine Hand-

Warum das Ganze? Ein Vorwort

reichung zur Verfügung gestellt werden, die bei der Bewertung von Bildnisnutzungen hilft. Sie ist zusammengestellt aus einer Befragung von Agenturen aller Art, die sich mit der Vermittlung von Models, Darstellern, Künstlern usw. aller Professionalitätsgrade befassen, und aus Erfahrungen, die in außergerichtlichen Verhandlungen und gerichtlichen Verfahren gewonnen werden konnten. Dabei wurden insbesondere Preise von Nicht-Profi-Modellen berücksichtigt. Sie gibt also die Lizenzen wieder, die sowohl für Laien und semiprofessionelle Models als auch für jeden, der noch nicht als Modell gearbeitet hat, gelten. Bei der Einordnung sind aber auch die Besonderheiten im konkreten Einzelfall zu berücksichtigen.

Einen Anstoß zur Fertigung einer allgemeinen Liste gab eine Entscheidung des Bundesverfassungsgerichts:

In der Entscheidung vom 5. März 2009 (ZUM 2009, 479, 481) hat das Bundesverfassungsgericht dargelegt, dass bei der Bewertung einer Bildnisnutzung nicht zwingend ein Gutachten zur Schadenshöhe einzuholen ist. Denn gem. § 287 ZPO dürfe das Gericht bei Streitigkeiten über die Höhe eines Schadens diesen nach seinem Ermessen schätzen und im Wege der Lizenzanalogie bestimmen. Eine Schätzung sei nur unzulässig, wenn sie mangels greifbarer Anhaltspunkte völlig in der Luft hinge.

Diese Gefahr besteht bei Personenabbildungen, weil in der Regel derartige Anhaltspunkte fehlen. Hierzu gehören vor allem die Bekanntheit und die Sympathie-/Imagewerte des Abgebildeten, der Aufmerksamkeitswert, der Verbreitungsgrad der Werbung und die Rolle, die dem Abgebildeten in der Werbung zugeschrieben wird. Nur die allerwenigsten Menschen, nämlich hauptsächlich Prominente und Berufsfotomodelle können Angaben zu diesen Fragen machen.

Im Bereich des Urheberrechts ist die Verwendung etwa der MFM-Bildhonorare seit Langem anerkannt; aufwändiger und teurer Gutachten zur Bewertung der Nutzung einer Fotografie bedarf es damit in aller Regel nicht. Im Bereich des Schmerzensgeldes hat sich die Hacks-Tabelle

Warum das Ganze? Ein Vorwort

bewährt und für den Wert von gebrauchten Automobilen die Schwacke-Liste. Die Aufzählung könnte fortgeführt werden.

Für den Bereich der Bildnisnutzung, also der Nutzung von Personenabbildungen, gab es eine derartige allgemeine Liste, die auch Laienmodelle und unfreiwillig Abgebildete einschließt, bisher nicht.

Die KöGa-Liste »lebt«. Dies bedeutet, dass sie eine Momentaufnahme in einem sich ständig wandelnden Markt darstellt und ggf. auch aktualisiert werden soll. Wir bitten daher unsere Leser - Models, Fotografen, Agenturen, aber auch Rechtsanwaltskollegen und Gerichte - uns mit Informationen zu versorgen, die uns eine Fortschreibung der Liste ermöglicht, damit diese ein sicheres und gutes Werkzeug für alle mit Personenabbildungen befassten Berufsgruppen darstellt.

Rechtsanwältin Eva Gabriel-Jürgens und Rechtsanwalt Dr. Daniel Kötz

Kontakt:

Dr. Daniel Kötz	Eva Gabriel-Jürgens
Kanzlei Kötz	Medienkanzlei Gabriel-Jürgens
Blumenstraße 7	Beim Schlump 13 a
40212 Düsseldorf	20144 Hamburg
Telefon: 0211 - 6 10 15 70	Telefon: 040 - 94 79 79 81
Telefax: 0211 - 6 10 15 82	Telefax: 040 - 94 79 79 83
koetz@koetzlaw.de	info@kanzlei-gj.de

Die Autoren

(Foto: Carsten Witte)

Eva Gabriel-Jürgens betreibt in Hamburg eine Kanzlei für Medien- und Urheberrecht. Seit 2002 vertritt sie als Rechtsanwältin vornehmlich Mandanten aus der Fotobranche sowie aus den Bereichen Design, Kunst, Film und Presse. Ihre Schwerpunkte liegen im Presse-, Foto- und Filmrecht sowie im Markenrecht. Sie ist Lehrbeauftragte für den Studiengang Journalistik an der internationalen Privathochschule SAE sowie an der Privathochschule macromedia in Hamburg und hält regelmäßig Vorträge und Seminare an verschiedenen anderen Hochschulen und berufsbildenden Einrichtungen, wie z.B. der Hochschule für Angewandte Wissenschaften Hamburg. Neben ihrer juristischen Spezialisierung mit Abschluss des Fachanwaltslehrganges für Urheber- und Medienrecht ist Eva Gabriel-Jürgens auch vielseitig praktisch in der Presse-, Film- und Werbebranche tätig gewesen und hat so deren Belange kennen gelernt. Sie arbeitete z.B. als freie Journalistin für diverse Printmedien, als Produktionsassistentin bei Werbefilmen und Fotoproduktionen und für eine große deutsche Filmproduktionsfirma, für die sie unter anderem internationale Filmlizenzen verhandelte. Sie setzt sich aktiv für den Schutz geistigen Eigentums, die Förderung kreativ Tätiger und junger Unternehmer ein.

Die Autoren

(Foto: Jens Brüggemann)

Dr. Daniel Kötz ist seit 1996 Rechtsanwalt und Gründer der Kanzlei Kötz in Düsseldorf. Dr. Daniel Kötz beschäftigt sich als Fachanwalt für Urheber- und Medienrecht und für gewerblichen Rechtsschutz mit allen hiervon umfassten Fragen; Schwerpunkte liegen dabei im Persönlichkeits- und Presserecht und im Wettbewerbsrecht. Er ist stellv. Vorsitzender des Vorprüfungsausschusses für den Fachanwalt für Urheber- und Medienrecht bei der Rechtsanwaltskammer Düsseldorf und Lehrbeauftragter an der Hochschule Magdeburg-Stendal. Dr. Kötz ist gefragter Dozent für Urheber- und Wettbewerbsrecht. Er ist u.a. Mitglied der Deutschen Vereinigung für gewerblichen Rechtsschutz und Urheberrecht (GRUR), berufenes Mitglied der Deutschen Gesellschaft für Photographie (DGPh) und einziges europäisches Mitglied der First Amendment Lawyers Association (FALA) in den USA. Dr. Daniel Kötz ist außerdem Autor des Buches *Fotografie und Recht* (mit Jens Brüggemann, mitp 2009).

Danksagung

Wir bedanken uns herzlich bei allen Agenturen, Bookern und Models für die vielen hilfreichen Informationen und Anregungen. Ganz besonderer Dank gebührt Jan Precht für seine unermüdliche Unterstützung, die konstruktive Kritik und die wertvollen Hinweise, die er diesem Buch mit Fachkenntnissen aus seiner langjährigen Erfahrung als Modelbooker gewidmet hat.

Kapitel 1

Rechtliche Grundlagen des Modeling

1.1 Einleitung 16
1.2 Status als selbständiges Model..................... 16
1.3 Castings 18
1.4 Minderjährige Fotomodels.......................... 18
1.5 Die eigene Homepage 19
1.6 Vor Vertragsabschluss – Checkliste 21
1.7 Verträge und Vertragstypen........................ 24
1.8 Einzelne Vertragsklauseln 29
1.9 Die Rechnungstellung, Fälligkeit 33
1.10 Vertragsstörungen 37
1.11 Bilderklau durch Dritte........................... 41
1.12 Keine Angst vorm Anwalt 41

Kapitel 1 — Rechtliche Grundlagen des Modeling

1.1 EINLEITUNG

Nachfolgend möchten wir einen gründlichen Überblick über typische Rechtsfragen im Zusammenhang mit dem Modeling und der Nutzung von Bildnissen geben. Außerdem wird dargestellt, was bei Rechtsverletzungen zu tun ist. Models haben neben verschiedenen Pflichten auch zahlreiche Rechte, die sie möglicherweise gar nicht kennen. So besteht bei manchen Models der Irrtum, dass, wenn die Fotos einmal im Kasten sind, die Agentur oder der Fotograf damit machen können, was sie wollen. Dass dies nicht so ist, werden wir hier erläutern. Auch über typische vertragliche Regelungen wird hier informiert. Unsere Ausführungen sind für alle Models gedacht: Sie gelten für männliche Models ebenso wie für Models, die auf dem Laufsteg arbeiten, für Gesichts- und Aktmodels, für Freizeitmodels und semiprofessionell tätige Models – kurz, für alle, die sich gegen ein Honorar oder auch kostenlos fotografieren lassen. Auch Profimodels werden hier viele hilfreiche Informationen finden. Darüber hinaus gelten viele Angaben auch für unfreiwillig Abgebildete, also für diejenigen, die ein Foto von sich in den Medien entdecken, ohne dass sie von der beabsichtigten Nutzung oder gar der Anfertigung des Fotos Kenntnis hatten. Aber auch Fotografen und Agenturen können sich hier nützliche Hinweise holen.

1.2 STATUS ALS SELBSTÄNDIGES MODEL

Fotomodels arbeiten in der Regel selbständig. In seltenen Fällen ist ein Model als Angestellte anzusehen. Das kann der Fall sein, wenn es immer wieder für denselben Auftraggeber tätig ist, wie dies bei Passformmodels der Fall ist. Ein Fotomodel muss die Einnahmen aus seinen Modeljobs versteuern. Dabei kommt es nicht darauf an, ob das Model die Modeltätigkeit haupt- oder nur nebenberuflich ausführt. Daher benötigt es für seine selbständige Tätigkeit eine Steuernummer. Die Steuernummer beantragt man bei dem zuständigen Finanzamt, indem man den Fragebogen zur steuerlichen Erfassung ausfüllt. Hier kann man unter

Status als selbständiges Model 1.2

anderem beantragen, als Kleinunternehmer von der Erhebung der Umsatzsteuer befreit zu werden. Wer einen Vorjahresumsatz von weniger als 17.500 Euro pro Kalenderjahr und im Folgejahr einen Umsatz von nicht mehr als 50.000 Euro erzielt, kann die Kleinunternehmerregelung des § 19 Umsatzsteuergesetz (UStG) in Anspruch nehmen, sofern dies vorher beantragt worden ist. Als Kleinunternehmer berechnet man gegenüber seinen Kunden keine Umsatzsteuer und darf im Gegenzug auch keine Vorsteuer von den eigenen Ausgaben abziehen. Man erspart sich dadurch den Aufwand einer Umsatzsteuervoranmeldung und einer Umsatzsteuererklärung. Die Steuernummer muss auf jeder Rechnung angegeben werden.

Wenn man – wie bei Models häufig üblich – auch Kunden in anderen europäischen Ländern hat, sollte man eine Umsatzsteueridentifikationsnummer (USt.-IdNr. in Deutschland/UID in Österreich) beantragen. Diese hat den Vorteil, dass sie innereuropäische Geschäfte erleichtert und man sich dadurch z.B. in vielen Fällen die Berechnung und spätere Erstattung von ausländischer Mehrwertsteuer erspart. Ferner ändert sich die Umsatzsteueridentifikationsnummer auch bei einem Umzug des Models nicht. Die Umsatzsteueridentifikationsnummer kann statt der persönlichen Steuernummer auf Rechnungen angegeben werden. Daher ist die Beantragung auch für Kleinunternehmer, die keine Umsatzsteuer erheben, grundsätzlich zu empfehlen. Häufig wissen diese aber gar nicht, dass sie eine solche beantragen dürfen. Die Umsatzsteueridentifikationsnummer beantragt man beim zuständigen Bundeszentralamt für Steuern oder über das eigene zuständige Finanzamt.

Am Jahresende muss immer eine Einkommensteuererklärung und eine Einnahmen-Überschuss-Rechnung beim Finanzamt abgegeben werden. Umsatzsteuerpflichtige Models müssen zusätzlich eine Umsatzsteuererklärung abgeben. Zu diesem Zweck ist es wichtig, von Anfang an alle Belege und Quittungen für geschäftsbedingte Ausgaben aufzubewahren. Wenn ein Model eine gewisse Einkommensgrenze überschreitet, wird Einkommensteuer fällig. Nähere Erläuterungen hinsichtlich steuerlicher Aspekte kann ein Steuerberater geben.

Kapitel 1 Rechtliche Grundlagen des Modeling

1.3 CASTINGS

Es ist üblich, dass der Auftraggeber, bevor er sich für ein Model entscheidet, mehrere Models zu einem Casting einlädt. Ein Casting ist das, was sonst als Bewerbungsgespräch bezeichnet wird, mit dem Unterschied, dass der Auftraggeber dem Model die Reisekosten in der Regel nicht ersetzt und gleich beim Casting gearbeitet wird – das heißt, die Models haben als Model zu arbeiten. Trotzdem erhalten sie in der Regel kein Geld. Unentgeltliche Castings sind per se nichts Unseriöses. Das Model sollte aber aufmerksam sein, wenn es einen Personalbogen ausfüllt und etwas unterschreiben soll: Auf keinen Fall sollte es (ohne Vereinbarung eines angemessenen Honorars) auf die Geltendmachung seiner Persönlichkeitsrechte verzichten bzw. in die wie auch immer geartete Verwendung der von ihm bei dem Casting erstellten Fotografien einwilligen. Dann könnte es nämlich vorkommen, dass das Model Reisekosten hatte, stundenlang warten musste, fotografiert wurde – und dann zwar von der Agentur oder dem Auftraggeber nichts mehr hört, seine Bilder aber verwendet werden.

1.4 MINDERJÄHRIGE FOTOMODELS

Der Auftraggeber muss sich, will er die Fotografien verwenden, selbst nach dem Alter des Models erkundigen. Das Model sollte dennoch so fair sein und seinen Auftraggeber über sein Alter informieren, wenn es minderjährig ist. Für die Art der Fotoaufnahmen gibt es kein Mindestalter, von einigen Ausnahmen, die sich aus der Natur der Sache ergeben, einmal abgesehen. Allerdings muss das Model 18 Jahre alt sein, um selbst bestimmen zu können, wie die Fotografien genutzt werden. Ist das Model noch keine 18 Jahre alt, müssen die gesetzlichen Vertreter die Nutzung der Fotografien erlauben. Ohne vorherige Einwilligung der gesetzlichen Vertreter ist der Nutzungsvertrag schwebend unwirksam. Wird die Genehmigung dann von den Erziehungsberechtigten später verweigert, so ist der Vertrag komplett unwirksam.

Bei minderjährigen Models, die schulpflichtig sind, ist außerdem *vor* Shootingbeginn eine Arbeitsgenehmigung beim Amt für Arbeitsschutz einzuholen. Zu diesem Zweck muss zusätzlich ein Attest vom Arzt vorgelegt werden und eine Bestätigung der Schule und des Jugendamtes, dass der Minderjährige an den Aufnahmen teilnehmen darf. Findet das Shooting in den Schulferien statt, reicht normalerweise eine Kopie des aktuellsten Schulzeugnisses.

Die Arbeitszeiten von Kindern und Jugendlichen sind gesetzlich beschränkt. Eine entsprechende Genehmigung vorausgesetzt, gelten folgende gesetzliche Bestimmungen: Für Kinder unter drei Jahren gibt es keine zeitlichen Einschränkungen, wenn und soweit sie in ihren natürlichen Lebensformen »arbeiten«, z.B. sitzend, schlafend oder liegend. Kinder von drei bis sechs Jahren dürfen nur in der Zeit zwischen 08:00 und 17:00 Uhr für höchstens zwei Stunden arbeiten. Die Dauer am Arbeitsplatz wird durch die Aufsichtsbehörde bestimmt. Meist dürfen sie höchstens vier Stunden am Set verbringen und davon höchstens zwei Stunden arbeiten. Kinder über sechs Jahre dürfen in der Zeit von 08:00 bis 22:00 Uhr arbeiten, wobei sie höchstens drei Stunden arbeiten dürfen. Die Zeit am Set wird dabei meist auf fünf Stunden begrenzt. Schulpflichtige Jugendliche von über 15 Jahren dürfen während der Schulferien höchstens acht Stunden täglich arbeiten und dies höchstens vier Wochen im Jahr.

1.5 DIE EIGENE HOMEPAGE

Viele Fotomodels haben eine eigene Homepage im Internet. Diese dient der Eigenpräsentation; es sollen auf diese Weise Interessenten (Fotografen, Agenturen) für ein Shooting gefunden werden. Meist möchte man sich auch einfach zeigen, denn man ist stolz auf seine Arbeit als Fotomodel. Sobald eine Homepage nicht rein privat ist, sondern zur Präsentation im Berufsleben genutzt wird, besteht grundsätzlich eine Impressumspflicht, das heißt, das Model muss als Betreiber der Homepage seine Kontaktdaten im Impressum aufnehmen. Dabei bietet es sich an, eine extra Seite, die »Impressum« heißt, einzurichten. Diese sollte leicht

Kapitel 1 Rechtliche Grundlagen des Modeling

von jeder anderen Seite der Homepage aus zu finden und aufzurufen sein. Das Impressum muss mindestens den vollständigen Namen, die Anschrift und die Möglichkeit zur schnellen elektronischen Kontaktaufnahme, also z.B. E-Mail-Adresse enthalten.

Nur wenn es sich um eine rein private Seite handelt, auf der ausschließlich Bilder (und ggf. Texte) gezeigt werden, benötigt man kein Impressum. Privat heißt aber nicht, dass die Seite nur für das einzelne Model da ist, sondern dass es damit keine irgendwie wirtschaftlichen Ziele verfolgen darf: Sobald die Seite »geschäftsmäßig« betrieben wird, ist ein vollständiges Impressum gem. § 5 des Telemediengesetzes (TMG) und § 55 Abs. 1 des Rundfunkstaatsvertrages (RStV) vonnöten. Das gilt nicht nur, wenn man das Model über die Seite buchen kann; eine Geschäftsmäßigkeit besteht bereits dann, wenn es z.B. ein gewerbliches Banner auf der Seite gibt oder nur per Link auf das Wetter am Wohnort des Models hingewiesen wird.

Beim Einstellen von Fotografien sollte unbedingt beachtet werden, ob man hierzu überhaupt berechtigt ist. Wenn ein Model für ein Shooting gebucht war und einige Abzüge erhalten hat (Papier oder CD), so bedeutet dies nicht automatisch, dass es mit den Bildern machen kann, was es möchte. Häufig wird der Begriff »Recht am eigenen Bild« dahin gehend missverstanden, dass man mit Bildnissen von sich selbst machen könne, was man wolle. Das ist nicht der Fall. Denn der Fotograf hat an den von ihm hergestellten Fotos die Verwertungsrechte. Als Model sollte man sich das Einverständnis des Fotografen am besten schriftlich geben lassen. Häufig, aber nicht immer, werden diese Fragen auch im Modelvertrag geklärt.

> **Tipp**
>
> Falls im Vertrag keine Regelung über die Nutzung der Fotos durch das Model enthalten ist, ist dem Model zu empfehlen, einen entsprechenden Satz zum Vertrag (z.B. dem Model-Release-Vertrag) hinzuzufügen. Dieser könnte z.B. lauten: »Das Model hat das Recht, die (ausgewählten bzw. veröffentlichten) Fotos zum Zwecke der Eigenwerbung im Internet, im Modelbook und/oder auf seiner Sedcard zu verwenden, wobei der Fotograf als Urheber auf oder neben dem Bild genannt werden muss.«

Schließlich möchte das Model auf einer »Modelagenturseite« vielleicht ein eigenes Profil anlegen. Hier ist ebenfalls äußerst wichtig, dass es zur Einstellung der von ihm verwendeten Fotografien berechtigt ist.

Bei der Nutzung des Internets sollte immer bedacht werden, wo überall Fotos und Daten der eigenen Person erscheinen – man hat, wenn man einmal nicht mehr als Model arbeiten möchte, sonst noch jahrelang damit zu kämpfen, die Profile und Fotos aus dem Netz herauszubekommen. Daher sollte man vorher prüfen, welche Bilder einem auch langfristig nicht schaden und ob z.b. (E-Mail-)Kontakt mit dem Betreiber der jeweiligen Modelseite aufgenommen werden kann. Man sollte sich die Mühe machen und die allgemeinen Geschäftsbedingungen des Anbieters lesen. Lässt der Anbieter sich darin eigene Nutzungsrechte einräumen, ist Vorsicht geboten, auch wenn eine solche Klausel unwirksam sein dürfte.

1.6 VOR VERTRAGSABSCHLUSS – CHECKLISTE

Ein Model hat mit einem Auftraggeber Kontakt aufgenommen. Das mag per E-Mail über eine Homepage, telefonisch oder eine andere Darstellung (etwa eine Model-Agentur) geschehen sein und der Auftraggeber äußert sein Interesse an einer Fotosession, einem Shooting, mit dem Model.

Bereits vor Vertragsabschluss müssen einige Punkte geklärt werden, damit die beiderseitigen Bemühungen nicht umsonst sind. Auf jeden Fall sollte man versuchen, den (schriftlichen) Vertrag vor dem Shooting zu unterzeichnen und ihn auch unterzeichnet zurückzuerhalten. Per Fax oder Scan genügt. Verträge, das gilt allgemein, müssen per Gesetz zwar nur in den seltensten Fällen schriftlich abgefasst werden. Auch nur mündlich vereinbarte Verträge sind grundsätzlich gültig. Eine bloße mündliche Vereinbarung hat aber den Nachteil, dass man diese im Streitfalle nicht gut beweisen kann. Wenn z.B. mündlich vereinbart wird, dass der Auftraggeber die Reisekosten übernimmt und dies dann nicht

Kapitel 1 — Rechtliche Grundlagen des Modeling

tut, kann das Model leer ausgehen, weil es die Vereinbarung nicht beweisen und der Fotograf sich nicht erinnern kann. Oder es gibt Streit über die Verwendung der Fotografien. In jedem Falle sollten alle E-Mails bezüglich eines Shootings aufbewahrt werden. Das Model sollte keine Scheu davor haben, Änderungswünsche zu benennen, dann bleiben Enttäuschungen erspart. Bei mündlichen Vereinbarungen können diese notfalls auch durch Zeugen belegt werden. Dafür muss der Zeuge aber ggf. mit Name und Anschrift benannt werden können. Von bloß mündlichen Verträgen ist daher unbedingt abzuraten, wenn die Fotografien eines Tages irgendwie außerhalb der eigenen vier Wände verwendet werden sollen. Und das ist meistens der Fall.

> **Tipp**
>
> In der Praxis werden Abmachungen häufig nur mündlich getroffen. Um später die Einzelheiten der Abmachung beweisen zu können, ist es ratsam, die getroffenen Vereinbarungen in einer kurzen, freundlichen Bestätigungs-E-Mail an den Vertragspartner noch einmal zusammenzufassen. Dieses Vorgehen wirkt verbindlich und professionell. Es hilft, Missverständnissen vorzubeugen und sollte es später Streit über den Inhalt des Vertrages geben, kann die E-Mail als Beweis herangezogen werden.

Was sollte vor Vertragsabschluss eindeutig geklärt sein? Hierzu die folgende Checkliste:

- **Art und Inhalt der Aufnahmen:** Mit dem Auftraggeber ist unbedingt abzusprechen, welche Art Aufnahmen gemacht werden sollen. Wenn das Model über eine bekannte Modelagentur gebucht wurde und Markenkleidung beworben werden soll, dürfte es in der Regel zwar keine Probleme geben. Gerade im Amateur- oder semiprofessionellen Bereich gibt es aber immer wieder Missverständnisse. Insbesondere aufpassen sollten Fotomodels, die auch im Aktbereich tätig sind. Denn es wird zuweilen weit mehr gefordert, als ein Model mitzumachen bereit ist. Falls vom Auftraggeber besonders außergewöhnliche oder gefährliche Aufnahmen gefordert werden (z.B. Aufnahmen mit wilden Tieren, unter Wasser, Bungeejumping etc.), muss das Model hiervon vor Vertragsabschluss unterrichtet werden. Auch die

Vor Vertragsabschluss – Checkliste 1.6

beabsichtigte Nutzung der Fotos muss vorher abgeklärt werden. Sollen die Fotos für eine weltweite Werbekampagne genutzt werden, für das Titelblatt einer Zeitung (Vogue oder Anzeigenblatt?) oder möchte der Fotograf diese vielleicht nur als Probeaufnahmen für sich privat nutzen?

- **Honorar:** Vor dem Vertragsabschluss muss geklärt sein, wie viel Honorar das Model erhalten soll. Das Honorar wird bei Profimodels und im semiprofessionellen Bereich häufig zweigeteilt errechnet: Zum einen bekommt das Model ein Honorar für seine reine Modeltätigkeit beim Shooting (Tagesgage bei Tagesbuchungen oder Arbeitsgage bei kürzeren Buchungen). Zum anderen wird für die spätere Nutzung der Abbildungen, also für die Einräumung der Nutzungsrechte ein extra Honorar gezahlt. Dieses wird als »Buyout« bezeichnet. Dieses »Buyout« trägt dem Umstand Rechnung, dass jeder Mensch nach deutschem Recht grundsätzlich entscheiden kann, ob und in welcher Form sein Abbild (ob als Foto, Gemälde oder in sonstiger Form ist dabei egal) in der Öffentlichkeit gezeigt wird oder nicht. Von diesem Recht gibt es einige Ausnahmen, die in Kapitel 2 *Das Recht am eigenen Bild* näher beschrieben werden. Die Höhe der Honorare und Buyouts kann je nach Model und Anlass *sehr* unterschiedlich ausfallen. Hier Licht ins Dunkel zu bringen ist Aufgabe dieses Buches. Das Buyout errechnet sich generell aus drei Faktoren: der Nutzungsform (z.B. Print, POS [Point of Sale]), der zeitlichen Nutzung (z.B. 1 Jahr) und der örtlichen Nutzung (z.B. Deutschland, Europa, weltweit …).

- **Reisekosten:** Es sollte vorher besprochen werden, ob die Reisekosten übernommen werden und in welcher Höhe. Es ist keineswegs selbstverständlich, dass dies der Auftraggeber tut, denn Models sind selbständig tätig (siehe dazu 1.2). Auch die voraussichtliche Dauer des Shootings sollte abgesprochen werden, damit das gebuchte Model z.B. eine günstige Zug- oder Flugverbindung planen kann, wenn es nicht mit dem Auto anreist.

- **Unterbringungs-/ Hotel- und Verpflegungskosten:** Das Gleiche gilt für die Unterbringung und Verpflegung am Ort der Fotoaufnahmen. Es sollte vorher klar vereinbart werden, ob Unterbringung und

Verpflegung extra bezahlt werden, in welcher Höhe und wer sich um die Organisation derselben kümmert.

- **Genauer Ort und Zeit des Fotoshootings:** Das ist im Hinblick darauf, dass neben dem Fotografen häufig eine Location gemietet werden muss und außerdem Visagistin und Studiohelfer anwesend sind, sehr wichtig.

1.7 VERTRÄGE UND VERTRAGSTYPEN

Wenn ein Model sich gegen Entgelt oder auch kostenlos für ein Shooting zur Verfügung stellt, schließt es grundsätzlich mit dem Fotografen oder einem anderen Auftraggeber (z.B. der Werbeagentur) einen Vertrag. Was in einem solchen Vertrag geregelt sein sollte und was gilt, wenn nichts vereinbart wurde, wird im Folgenden behandelt.

Allgemeine Verträge

Die Rechtswelt ist innerhalb von Vertragsverhältnissen aufgeteilt in Rechte und Pflichten. Als Fotomodel hat man zunächst einmal Pflichten, die gegenüber dem Fotografen oder z.B. der Werbeagentur (den Auftraggebern) zu erfüllen sind. Diese Pflichten sind zumeist in einem Vertrag niedergelegt; dies kann mündlich oder schriftlich geschehen. Schriftliche Verträge sind jedoch allemal besser, denn sie helfen, Missverständnissen vorzubeugen und so Streit zu vermeiden, und dienen – falls es doch einmal zu einem Streit kommt – der Beweisbarkeit des jeweiligen Standpunktes. Oft kommt es aber vor, dass der Vertrag erst vor Ort, also »on Location«, unterzeichnet oder dass gar kein schriftlicher Vertrag geschlossen werden soll. Die wichtigsten einzelnen Vertragspunkte sind in Abschnitt 1.8 aufgelistet – hier werden insbesondere die Klauseln, die sich in Verträgen zwischen einem Fotomodel und einem Fotografen befinden, beschrieben.

TFP-Verträge

Die Bezeichnung steht für *Time for Pictures* oder *Time for Print(s)* – Zeit für Bilder bzw. Abzüge – und damit dafür, dass das Model sich und seine Fähigkeiten ausprobieren möchte und der Fotograf seine; so will er z.B. eine neue Kamera testen oder eine bestimmte Blitztechnik ausprobieren. TFP-Verträge werden also zwischen einem Model und einem Fotografen geschlossen. Wenn keine weitere Regelung getroffen wird, dürfen weder das Model noch der Fotograf die Fotografien verwerten. Das ergibt sich daraus, dass beide Rechte an den Fotos haben, so dass eine Nutzung derselben ohne Einwilligung bzw. Einräumung der Rechte durch den jeweils anderen nicht zulässig ist. Der Fotograf hat als Urheber der Fotografien Urheberrechte nach dem Urheberrechtsgesetz (UrhG). Das Model hat als Abgebildete(r) auf den Fotografien das Recht, über die Verwendung ihres/seines Abbildes zu bestimmen (§ 22 Kunsturhebergesetz, KUG).

Sollte eine Nutzung z.B. zur Eigenwerbung des Fotografen und des Models beabsichtigt sein, so sollte dies auf jeden Fall auch schriftlich geregelt sein. Oft wird eine gewerbliche Nutzung kategorisch ausgeschlossen. Das kann zu Missverständnissen führen, weil die Nutzung auf der Homepage des Fotografen oder des Models bereits eine solche darstellt. Gemeint ist die kommerzielle Nutzung im Sinne des Erteilens von Lizenzen z.B. für Werbung; diese soll regelmäßig ausgeschlossen sein. Es ist zu beachten, dass der Fotograf als Urheber der Fotos ein Recht auf Namensnennung am Werk hat. Das folgt aus § 13 UrhG. Der Urheber kann auch bestimmen, dass nicht sein Name am Werk angebracht wird, sondern eine Kurzbezeichnung oder eine Domain.

Vereinbart werden sollte eine Zeit (z.B. einen Monat nach dem Shooting), innerhalb derer der Fotograf die Bilder – die Gegenleistung für das Model – zu liefern hat. Zu klären ist auch, in welcher Form und in welchem Format die Fotografien zu liefern sind. Vereinbaren kann man eine Geldpauschale, wenn die Bilder nicht bis zum vereinbarten Termin geliefert werden, z.B. bei zehn Bildern eine Pauschale von 350 Euro. Einzuräumen ist: Wenn das Model an einen etablierten Fotografen gerät, wird dieser sich auf solche Regelungen möglicherweise nicht einlassen wollen.

> **Tipp**
>
> Bei Time-for-Print-Verträgen sollten sich Fotograf und Model vorher verbindlich darüber einigen, wofür die Fotos später genutzt werden dürfen, z.B. zur Eigenwerbung im Internet.

Verträge mit Modelagenturen

Das Thema Modelagenturen ist ein sehr weites Thema, das hier nicht erschöpfend behandelt werden kann. Wichtig ist zunächst nur, dass es verschiedene Agenturformen gibt.

Man kann folgende Arten von Modelagentur unterscheiden:

- **Profimodel-Agenturen:** Diese Agenturen vermitteln Profimodels, die dem klassischen Schönheitsideal der jeweiligen Zeit entsprechen. Profimodel-Agenturen vermitteln vorwiegend im Bereich Catwalk (Laufsteg), Editorial (redaktionelle Fotostrecken) und für Werbekampagnen (Print + TV) mit einem hohen ästhetischen Anspruch an die Models. Models müssen schön (Beauty) und sexy (Fashion) sein – und dann auch noch sehr wandlungsfähig! Die typischen Kunden von Profimodel-Agenturen kommen aus den Bereichen Kosmetik, Parfum und Schmuck (Bereich Beauty) sowie Mode und Wäsche (Bereich Fashion).
- **Casting-Agenturen:** Diese Agenturen vermitteln Laien- und semiprofessionelle Models, die im weitesten Sinne der Normalbevölkerung entsprechen bzw. außergewöhnlich (Characters) sind. Casting-Agenturen (auch People-Agenturen genannt) vermitteln insbesondere im Bereich Werbung (Print + TV) und suchen außerdem häufig Teilnehmer für Fernsehshows, etwa als Kandidaten und Komparsen.
- **Kinder-Agenturen:** nur für die Vermittlung von Kindern, für Werbung, Catwalk und Editorial

1.7 Verträge und Vertragstypen

- **Schauspiel-Agenturen:** für die Vermittlung von Schauspielern, vorwiegend für Theater-, Kino- und Fernseh-Produktionen sowie TV-Werbung. Die meisten Schauspiel-Agenturen vermitteln nicht für Printwerbung, diese läuft in der Regel über Casting-Agenturen (falls dies vertraglich erlaubt ist, da Schauspieler oft Verträge mit Ausschlussklauseln haben!).
- Der **Künstlerdienst** ist eine besondere Fachabteilung der Bundesanstalt für Arbeit (BfA), die sich um die Vermittlung von Künstlern bzw. Models kümmert. Models können dort ihre Sedcard hinterlegen. Der Künstlerdienst hat für das Model den Vorteil, dass hier keine Provision für die Vermittlung abgezogen wird. Der Nachteil besteht darin, dass der Künstlerdienst keine weiteren Dienstleistungen für das Model übernimmt, wie z.B. die Reiseplanung, Vertragsverhandlungen, Terminplanung, Überprüfung der Abrechnungen etc.

Das Internet hat dazu geführt, dass sich die Anzahl der Agenturen vervielfacht hat. Manche Agenturen bestehen genau aus dem, was man sieht: einer – oft nicht einmal besonders gut gemachten – Internetseite mit ein paar Gesichtern. Ein Model sollte genau prüfen, ob es dazugehören will und ob Allgegenwärtigkeit sein Ziel ist. Anzuraten ist, mit dem Betreiber der Seite Kontakt aufzunehmen und zu fragen, wie es um Buchungen und Vermittlungen steht. Bedenken sollte ein Model auch, dass viele der Seiten natürlich keine Agenturen im eigentlichen Sinne, sondern Präsentationsplattformen sind, das heißt, eine aktive Vermittlung findet nicht statt. Ein Kontakt kommt nur zustande, wenn das Model gefunden wird und der Interessent es dann über den Betreiber der Seite oder direkt über E-Mail kontaktiert. Zu überlegen ist, ob man selbst als Interessent über die jeweilige Seite buchen würde. Falls nicht, sollte man sich dort auch nicht als Model anmelden.

Besonders für den Profimodel-Bereich gilt: Die großen und internationalen Agenturen investieren in die Models – nicht umgekehrt. Man will Geld mit einem Model verdienen – nicht am Model. Hält eine Top-Agentur jemanden z.B. für den Laufsteg geeignet, wird man in der Regel kostenlos Fotos von der betreffenden Person anfertigen oder die Kosten mit den ersten Aufträgen verrechnen. Modelagenturen verlangen Provisionen in unterschiedlicher Höhe. Üblich sind bis zu 30 Prozent Vermittlungsprovision. Diese Provision ist (nur) fällig, wenn die Agentur einen Auftrag vermittelt hat. Die Agentur ist als Makler tätig, nicht unähnlich einem Wohnungsmakler: Er erhält sein Honorar bei erfolgreichem Abschluss eines Vertrages.

Die weitgehend unbekannte Vermittlungsvergütungsverordnung (VVO – s. Anhang) bestimmt, dass regelmäßig nur 14 bis 18 Prozent des Modelhonorars als Provision einschließlich Umsatzsteuer einbehalten werden dürfen, soweit das Model in einem Anstellungsverhältnis beim Auftraggeber tätig ist. Das ist allerdings nur selten der Fall. Das Landgericht Düsseldorf (Urteil vom 30. Oktober 2008, Az. 8 O 126/08, veröffentlicht in ZUM 2009, 660) hatte über einen solchen Fall zu entscheiden und kam zu dem Ergebnis, dass dem Model ganz erhebliche Ansprüche gegen die Agentur zustanden. Das Model war im Wesentlichen für einen Auftraggeber tätig.

Exklusivverträge

Exklusivverträge gibt es in Deutschland nicht. Es kann sich aber vor dem Hintergrund möglicher Terminkollisionen für das Model positiv auswirken, wenn es nur für eine Agentur tätig ist. Dies dürfte allerdings nur dann gelten, wenn ein Model in Zusammenarbeit mit einer Agentur gut verdient und es für diese um die Welt reist. Wenn aber sonst verlangt wird, nur für eine Agentur tätig zu werden, ist dies eine unzulässige Beschränkung des Berufsausübungsrechts. Anders kann es z.B. bei einem Managementvertrag sein. In einem Managementvertrag verpflichtet sich der Manager, den Künstler zu fördern, während eine Agentur Vertragsabschlüsse vermittelt. In Zweifelsfällen ist Rechtsrat einzuholen.

Model als Auftraggeber

Es ist üblich, dass ein Model jedenfalls zu Beginn seiner Karriere einen Fotografen mit der Erstellung besonders guter Fotografien beauftragt.

Hierfür gibt es im Urheberrechtsgesetz eine eigene Vorschrift, § 60 UrhG (s. Anhang). Wichtig ist für das Model als Besteller/in, dass im Vertrag geklärt wird, dass das Model die Bildnisse im Print- und im Internetbereich nutzen und dass die Verbreitung zu gewerblichen Zwecken erfolgen darf, weil das Gesetz diese Arten der Verwendung zunächst ausschließt. Gerade darum aber geht es dem Model, da es ja mit den Fotos seine Modelkarriere voranbringen möchte, also für sich werben möchte.

1.8 EINZELNE VERTRAGSKLAUSELN

Im Folgenden wird auf Vertragsklauseln eingegangen, die sich typischerweise in Verträgen zwischen einem Fotomodel und einem Fotografen befinden. Die Ausführungen können in der Regel auf andere Bereiche übertragen werden.

Name und Anschrift

Diese Anschrift ist verbindlich für etwaige Post – wer seine Adresse ändert, muss sie dem anderen mitteilen, gerade wenn es um Zahlungen oder Informationen über Nutzungen geht. Wichtig: Die E-Mail-Adresse gehört dazu. Häufig findet sich in Modelverträgen auch eine Regelung der Frage, ob und wie der Name des Models genannt werden darf. Hier kommt es ganz auf die beabsichtigte Nutzung an. Verwendet das Model einen Künstlernamen, kann vereinbart werden, dass nur dieser verwendet wird. Normalerweise verzichtet das Model darauf, dass sein Name im Zusammenhang mit den Bildern genannt wird.

Gegenstand der Aufnahmen

Dieser Punkt verdient besondere Beachtung und ist schon vor einem Termin zu klären. Es macht einen großen Unterschied, ob ein Model für eine Fashionshow gebucht wird oder für Aktaufnahmen. »Das Model steht dem Fotografen für Werbeaufnahmen für Jeansbekleidung zur Verfügung« oder »Das Model erklärt sich bereit, erotische Aufnahmen von sich machen zu lassen« sind hier typische Formulierungen. Bemüht werden sollte sich um eine klare Formulierung (z.B. »Catwalk für die Modefirma J., Vorstellung der Winterkollektion 2011« oder »Aktaufnahmen im Freien«). Ein Model braucht nichts zu leisten, was nicht vorher im Vertrag festgelegt wurde. Vertragsänderungen sind zwar jederzeit möglich – aber nicht einseitig, das heißt, nur, wenn auch das Model zustimmt.

Honorar

Das Honorar ist ein wesentlicher Regelungspunkt in allen Modelverträgen. Wichtig ist: Wer Honorar erhält, stimmt »im Zweifel« der Veröffentlichung zu. So steht es im Gesetz, § 22 S. 1 KUG (s. Kapitel 5). Dies bedeutet aber nicht unbedingt, dass eine fotografierte Person der gewerblichen Verwertung zustimmt, und auch nicht, dass der Fotograf die Bilder für Werbung usw. verwenden darf. Wie bereits beschrieben, wird das Honorar bei Profimodels oder semiprofessionell arbeitenden Models häufig zweigeteilt errechnet: Zum einen bekommt das Model ein Honorar (Tages- oder Arbeitsgage) für die reine Modeltätigkeit beim Shooting. Zum anderen wird für die spätere Nutzung der Abbildungen ein extra Honorar gezahlt, das so genannte »Buyout«. Dieses bezieht sich z.B. auf eine einjährige Nutzung im Bereich Print, kann sich aber auch zeitlich unbegrenzt auf den Bereich Internetwerbung etc. erstrecken.

Höhe des Honorars

Das Honorar muss in der Höhe geregelt werden, wobei klarzustellen ist, ob es inklusive oder exklusive der Umsatzsteuer gezahlt wird, die das Model selbst abführen muss. Dieser Punkt sollte explizit im Vertrag geregelt werden. Welche Honorarhöhe angemessen ist, ist natürlich keine Rechtsfrage, sondern eine Frage vor allem von Erfahrungswerten. Diese werden in der KöGa-Liste vereinheitlicht wiedergegeben und können je nach Model und Anlass sehr unterschiedlich ausfallen. Wenn ein Model von einer Modelagentur vertreten wird, wird es mit dieser sein Honorar einstufen, wobei sich die Agenturen ebenfalls der KöGa-Liste bedienen können.

Zeit und Ort der Aufnahmen

Auch über Zeit und Ort der Aufnahmen muss man sich verständigen – und zwar möglichst genau. »Fototermin ist der 23. August 2011 um 14.00 im Hirschpark. Fotograf und Model reisen auf eigene Kosten an« – das wäre eine typische Regelung. Es ist aber schon oft vorgekommen, dass Model und Fotograf sich verpasst haben; insbesondere, wenn Aufnahmen im Freien geplant waren. Also sollte man sich – und zwar im Vertrag – an einem leicht zu findenden Ort (z.B. am Hauptbahnhof München Gleis 9) verabreden, damit klar ist: Wer nicht kommt, kann für den so entstandenen Schaden haftbar gemacht werden. Im Zeitalter des Handys sollte dieser Punkt allerdings keine große Rolle mehr spielen. Wenn man sich in einem Studio oder einer Agentur trifft, ist der Ort der Aufnahmen ohnehin klar.

Reisekosten

Auch die Reisekosten sollten vertraglich geregelt sein. Wie schon oben beschrieben, sollte die Frage der Übernahme der Reisekosten vor Vertragsabschluss geklärt werden. Als Model ist man selbständig. Das heißt, wenn nichts vereinbart ist, zahlt das Model die Kosten selbst. Die Reisekosten können dabei das Honorar sogar übersteigen. Deshalb: Es ist dafür zu sorgen, dass der Vertrag eine Klausel enthält, wonach Reisekosten (z.B. vom Bahnhof München zum Bahnhof Stuttgart, 2. Klasse mit BahnCard 25) erstattet werden. Bei Reisen mit dem Auto kann man sich die notwendigen Kilometer über eine entsprechende Internetseite errechnen – so wird Streit über die tatsächlich gefahrenen Kilometer vermieden – und man kann eine Pauschale von z.B. 25 Cent/km, wie im Gesetz über die Zeugenentschädigung (JVEG) in § 5 vorgesehen, zugrunde legen.

Übernachtung/Verpflegung

Auch dieser Punkt gehört in den Vertrag, da das Model auch diese Kosten grundsätzlich selber tragen muss, wenn nichts anderes vereinbart wurde. Bezüglich der Inhalte wird auf die Ausführungen in Abschnitt 1.6 verwiesen.

Einwilligung in die Nutzung/Buyout

Das so genannte Recht am eigenen Bild ist das Recht, das für ein Model das wichtigste Recht ist. Damit der Auftraggeber ein Bildnis (eine Personenabbildung) nutzen kann, muss er sich das Recht hierzu einräumen lassen. Das Model muss in die Nutzung einwilligen. Formuliert wird dies in vielfältiger Weise. Eine Formulierung ist: »Hiermit überträgt das Model uneingeschränkt und unwiderruflich dem Fotografen sämtliche Rechte am Bild insbesondere zur kommerziellen Nutzung (d.h. insbesondere für Werbe- und Publikationszwecke), und zwar zeitlich, räumlich, sachlich unbeschränkt, einschließlich der Veränderung auf digitalem oder sonstigem Wege.« Diese Formulierung geht sehr weit und ist im Amateur- und im semiprofessionellen Bereich nicht unüblich. Ansonsten kann die Einwilligung auch sehr explizit im Rahmen des Buyout erklärt werden:

- Nutzungsdauer: 1 Jahr, Nutzungsaufnahme ab Geldeingang
- Sachliche und räumliche Nutzung: Printmedien, Textil (Deutschland und Österreich) und Internet (deutschsprachige Seiten)
- Keine Nutzung durch Dritte

Das Model stellt mit dieser Formulierung klar, dass die Fotografien für ein Jahr genutzt werden dürfen und die Nutzung erst aufgenommen werden darf, wenn das Geld bezahlt wurde. Der Auftraggeber ist gehalten, alsbald zu zahlen, sonst darf er gar nicht nutzen. Die Nutzung beschränkt sich räumlich auf die Länder Deutschland und Österreich, die Nutzungsformen sind begrenzt auf den Printbereich (z.B. Flyer, Poster und Anzeigen in Tageszeitungen), dürfen auf Textilien, z.B. T-Shirts, aufgebracht werden und auf deutschsprachige Seiten im Internet geschaltet werden.

Dritte dürfen die Bildnisse nicht nutzen – dies ergibt sich grundsätzlich von selbst, wird aber hier klargestellt.

Bearbeitungsrecht

In aller Regel lässt sich der Fotograf das Recht einräumen, die Fotografien in jeder erdenklichen Form zu bearbeiten. Dabei geht es zunächst um das Ausbessern von Fehlern im Bild, ggf. um das Glätten der Haut, das Kaschieren von Unebenheiten. Es können aber auch das Gesicht und der Körper insgesamt verändert werden.

Außerdem

So viel zu den typischen Vertragsklauseln. Selbstverständlich können noch zahlreiche andere Punkte in einem Modelvertrag geregelt werden. Es gilt aber immer: Man sollte sich alle Klauseln genau ansehen und nichts unterschreiben, was man nicht versteht. Gute Verträge sollte jeder auch ohne Jurastudium verstehen. Unklare Regelungen sind daher nie gut. Keine Scheu sollte man vor der Nachfrage haben, was damit gemeint sein soll, und die Regelung dann lieber in eigenen Worten verständlich umformulieren. Gerade im Amateurbereich basteln sich die Fotografen ihre Verträge gern aus Versatzstücken zusammen, die sie irgendwo im Internet gefunden haben. Im Zweifel sollte ein spezialisierter Anwalt um Rat gefragt werden.

1.9 DIE RECHNUNGSTELLUNG, FÄLLIGKEIT

Möglicherweise enthält ein Modelvertrag keine Fälligkeitsabrede, das heißt, es ist nicht geregelt, wann das Model bezahlt wird. Im Amateurbereich ist Barzahlung nach dem Shooting üblich; der Erhalt des Betrages wird dann auf dem Modelvertrag quittiert.

Fälligkeit des Honorars

Grundsätzlich gilt: Ist im Vertrag nicht geregelt, wann das Honorar gezahlt werden soll, dann ist das Modelhonorar nach Erledigung des Jobs fällig. Voraussetzung ist allerdings, dass das Model dem Auftraggeber eine ordentliche und vollständige Rechnung geschrieben hat. Agenturen übernehmen für die durch sie vermittelten Models meist die Rechnungslegung und Abwicklung. Dann muss das Model häufig nur noch eine Quittung unterschreiben, dass es das Geld erhalten hat, oder es wird überwiesen und das Model erhält über diese Gutschrift eine schriftliche Abrechnung (sog. Statement). Im anderen Falle müssen Models die Rechnung selber schreiben.

Was in eine korrekte Rechnung gehört

Es ist sinnvoll, sich eine eigene Rechnungsvorlage und eine eigene Mahnungsvorlage zu erstellen, die man für alle späteren Modelaufträge nutzen kann. Die Rechnung sollte sinnvollerweise auch mit »Rechnung« überschrieben werden. Sie muss Folgendes beinhalten:

- Alle eigenen im *Geschäftverkehr vorgesehenen wesentlichen Angaben* müssen auf der Rechnung enthalten sein, also: vollständiger Name des Rechnungsausstellers mit ausgeschriebenem Vornamen, bei Personengesellschaften alle Mitglieder, bei juristischen Personen die Gesellschaftsform und die gesetzlichen Vertreter (z.B. der/die Geschäftsführer einer GmbH).
- *Ausstellungsdatum,* also das Datum der Rechnung.
- *Rechnungsnummer:* Man muss für alle Rechnungen fortlaufende Nummern vergeben. Jede Nummer darf nur einmal vergeben werden. Ob man dabei eine Zahlenfolge verwendet oder aber z.B. F 1/2011, F 2/2011 o.Ä., bleibt jedem selbst überlassen. Es ist allein wichtig, dass das Finanzamt eine in sich schlüssige fortlaufende Nummernfolge nachvollziehen kann.
- *Steuernummer:* Ein Model muss seine Steuernummer auf der Rechnung angeben. Wenn es europaweit tätig ist, besteht die Möglichkeit,

1.9 Die Rechnungstellung, Fälligkeit

eine Umsatzsteueridentifikationsnummer (USt-Id-Nr.) zu beantragen. Diese kann dann an Stelle der normalen Steuernummer auf der Rechnung angegeben werden.

- *Leistungsgrund mit Leistungsdatum/Art und Umfang der Leistung*: Hier sollten genau angeben werden, auf welche Tätigkeit oder Leistung sich die Rechnung bezieht. Auch das *Datum oder der Zeitraum der Leistungserbringung* ist anzugeben. Auch das *Buyout*, also der Umfang der Rechtefreigabe, sollte detailliert mit in die Rechnung aufgenommen werden (weitere Informationen zum Buyout siehe Abschnitt *Einwilligung in die Nutzung/Buyout* auf Seite 32).

Mögliche weitere Angaben sind z.B.:

- Produktion: SUPER T-Shirts-Shooting
- Auftraggeber: XY-Fotografie
- Kunde: SUPER T-Shirt GmbH, Geschäftsführer: ...
- Produktionsdatum: 25.05.2011
- Location/Ort der Aufnahmen: Hamburg
- Fotograf/Regie: Fotograf XY
- Buyout: SUPER T-Shirts, Flyer, Poster, Anzeigen und Internet, Deutschland und Österreich, 1 Jahr
- Nutzungszeitraum: 01.06.2011–31.05.2012 oder »1 Jahr ab Shooting« (oder Geldeingang oder erster Schaltung)
- Dauer des Shootings (z.B. 1 Tag = 8 Stunden)
- ggf. Overtime (Überstunden) (z.B.: pro angefangene Stunde Overtime 15% der Tagesgage)

Es geht aber auch kürzer, z.B. »Fototermin am 23.11.2010 für den Modekatalog SUPER T-Shirt GmbH Frühjahr/Sommer 2011« oder »Fotoaufnahmen auf dem Erlenhof für die Werbekampagne *Milch macht schön* in der Zeit vom 01.10.2010 bis 03.10.2010 inkl. Nutzung der Fotos auf der Website des Auftraggebers für 10 Jahre, vom 1.1.2011 bis 1.1.2021«. Am besten ist es, wenn das Model vereinbaren kann, dass die Nutzungsaufnahme erst mit vollständiger Zahlung gestattet ist.

- Und natürlich darf der *Rechnungsbetrag* nicht fehlen. Dieser sollte so aufgeschlüsselt sein, dass der Rechnungsempfänger versteht, wie er sich zusammensetzt. Überstunden, Aktzuschläge, Auslagen etc. sollten entsprechend klar aufgelistet und mit den einzelnen Beträgen verzeichnet sein. Unter die einzelnen Beträge wird dann der zusammengerechnete Endbetrag gesetzt.
- Wichtig ist, dass die *Umsatzsteuer* aufgeführt wird. Es muss sowohl der gültige Prozentsatz als auch der Betrag der Umsatzsteuer extra ausgewiesen werden. Falls ein Model sich als Kleinunternehmer von der Umsatzsteuerpflicht hat befreien lassen, fällt natürlich keine Umsatzsteuer an. Es ist dann aber auf der Rechnung zu vermerken, dass keine Umsatzsteuerpflicht besteht (z.B.: »Ohne Umsatzsteuerberechnung, da Kleinunternehmer gemäß § 19 UstG«).

    Geht eine Rechnung an einen im Ausland ansässigen Auftraggeber, berechnen auch umsatzsteuerpflichtige Models keine Umsatzsteuer auf ihr Honorar. Voraussetzung ist, dass der Rechnungsempfänger ein Unternehmer (und keine Privatperson) ist und eine Umsatzsteueridentifikationsnummer (Ust-Id-Nr., Englisch: VAT-ID) besitzt. Diese muss neben der eigenen Ust-Id-Nr. auf der Rechnung mit aufgeführt werden. Außerdem muss auf der Rechnung vermerkt werden, dass der Empfänger die Umsatzsteuer schuldet. (z.B. »Die Steuerschuld geht gemäß § 13b Absatz 2 UStG auf den Leistungsempfänger über.) (Englisch: »VAT reversed«)

- Falls der *Rechnungsempfänger von der Umsatzsteuer befreit* ist, ist auch dies auf der Rechnung zu vermerken. Man sollte sich in diesem Fall vom Auftraggeber eine Kopie der Befreiungsbescheinigung geben lassen und den dort angegebenen Befreiungsgrund (z.B.: »Auftraggeber ist gemäß § 4 Nr. 21 UStG von der Umsatzsteuer befreit«) mit in der Rechnung angeben.
- Darüber hinaus darf eine Rechnung auch *zusätzliche Korrespondenz* beinhalten, wenn man dies möchte. So wird häufig ein Dank für die nette Zusammenarbeit ausgesprochen oder auf weitere Angebote aufmerksam gemacht. Eine bestimmte Anrede ist nicht vorgeschrie-

ben. Man kann den Rechnungsempfänger also mit dem Vornamen anreden, wenn das in der jeweiligen Geschäftsbeziehung üblich ist.
- *Bankverbindung:* Wichtig ist natürlich, dass das Model dem Rechnungsempfänger mitteilt, wie er das Geld zahlen kann, also in der Regel, wohin er das Geld überweisen soll. Bei Rechnungen, die ins Ausland übersandt werden, sollten IBAN und BIC angegeben werden, um die Überweisung zu erleichtern.
- Nicht zwingend vorgeschrieben, aber unbedingt zu empfehlen ist die Angabe des *Fälligkeitszeitraums* mit einer bestimmten Zahlungsfrist. Dabei ist ein fester, nach dem Kalender bestimmbarer Termin (bis zum 13. Mai 2011) besser, als eine Formulierung wie »innerhalb von zwei Wochen«. Bei Letzterem ist nicht klar, wann die zwei Wochen beginnen oder enden.

Wenn dann nicht innerhalb der Frist gezahlt wird, gibt es mehrere Möglichkeiten. Wenn das Model einen persönlichen Kontakt zu dem Auftraggeber hat oder diesen nicht verärgern möchte, ist zunächst sehr zu empfehlen, den Rechnungsempfänger einfach kurz anzurufen und zu fragen, ob die Rechnung eingegangen ist und wenn ja, ob es Gründe gibt, warum bis jetzt nicht gezahlt wurde. Ein solches Vorgehen hat den Vorteil, dass man durch den persönlichen Kontakt das Verhältnis nicht belastet und die Möglichkeit bekommt, eventuell bestehende Missverständnisse oder Unzufriedenheiten des Auftraggebers aus der Welt zu schaffen. Wenn man das nicht möchte oder nach dem Telefonat nichts passiert, sollte man noch einmal schriftlich mahnen – schließlich kann jeder einmal etwas vergessen. Ansonsten gelten die Ausführungen ab Abschnitt *Zahlung bleibt aus/Mahnung* auf Seite 38.

1.10 VERTRAGSSTÖRUNGEN

Am besten ist es, wenn ein unterschriebener Vertrag in der Schublade verschwindet und nicht mehr hervorgeholt zu werden braucht. Manchmal ist das aber nicht der Fall. Es kommt zu einer Störung im Vertragsverhältnis.

Zahlung bleibt aus/Mahnung

Eine Mahnung sollte die in der Rechnung enthaltenen wichtigsten Informationen nochmals beinhalten. Dazu zählen die Angabe der Rechnungsnummer, der aufgeschlüsselte Rechnungsbetrag und die eigene Bankverbindung. Außerdem sollte wiederum eine Zahlungsfrist mit Datumsangabe gesetzt werden.

Wenn nach Ablauf der in der Mahnung gesetzten Nachfrist noch immer nicht gezahlt wird, kann das Model einen Anwalt beauftragen, der den Gegner anschreibt oder – später – das gerichtliche Mahn- oder Klageverfahren einleitet. Die Kosten sind dann gem. § 280 BGB vom Schuldner zu erstatten. Alternativ kann ein Model auch selber einen Mahnbescheid beantragen. Dies geht mittlerweile online, z.B. über www.online-mahnantrag.de. Schwierigkeiten bereitet allerdings häufig die Frage, wer eigentlich der Schuldner ist: Die Agentur? Der Fotograf? Die Werbeagentur? Der Kunde?

Wenig empfehlenswert ist ein Mahnantrag, wenn schon vorher klar ist, dass der Rechnungsempfänger die Forderung des Models grundsätzlich nicht anerkennt, weil er z.B. den Vertrag bestreitet, Mängel behauptet oder Gegenansprüche geltend macht. In diesen Fällen ist es unwahrscheinlich, dass er auf einen Mahnantrag hin zahlt. Dann wird nur Zeit mit dem Mahnverfahren vergeudet. Die streitigen Fragen müssen vor Gericht geklärt werden. Das Model sollte sich dann von einem Anwalt beraten und ggf. vertreten lassen. Zu beachten ist, dass in einigen Fällen ein Schlichtungsverfahren vor einer Klage durchzuführen ist.

Wenn eine fällige Forderung trotz festem Zahlungstermin nicht gezahlt wird, darf man ab dem Tag, der dem Fristablauf folgt, Zinsen auf die Forderung nehmen. Bei Geschäftsleuten sind dies zurzeit 8 % über dem jeweiligen Basiszinssatz. Bei Privatgeschäften liegt der Zinssatz bei 5 % über dem jeweiligen Basiszinssatz. Zinsrechner gibt es viele im Internet, z.B. unter http://basiszinssatz.de/zinsrechner/.

Wenn man also in seine Mahnung die Zinsen mit aufnimmt, ist dies nicht unseriös. Vielmehr ist dies ein Mittel, die Zahlungsmoral des Empfängers zu steigern. Sollten Forderungen über lange Zeiträume trotz Fälligkeit und Verzug nicht gezahlt werden, kann durch die Zinsen eine nicht zu verachtende weitere Forderung entstehen.

Nutzung des Bildmaterials über den Vertrag hinaus

Es kann sein, dass die Fotografien in einer Weise genutzt werden, die entweder vertragswidrig ist (z.B.: Im Vertrag steht, dass die Bilder nur für eine Internetveröffentlichung auf der Homepage des Fotografen angefertigt werden, sie werden aber auch auf anderen Internetseiten veröffentlicht) oder, dass im Vertrag gar nichts Konkretes über die Nutzung steht. Dann kann eine Bildnutzung rechtswidrig sein und das Persönlichkeitsrecht der abgebildeten Person ist verletzt. In solchen Fällen steht dem betroffenen Model ein Anspruch auf Unterlassung (für die Zukunft) und ein Lizenzentgeltanspruch (für die Vergangenheit – dafür die KöGa-Liste) zu. Sollte es sich um eine schwere Persönlichkeitsverletzung handeln, kommt noch eine Geldentschädigung dazu.

Werden etwa künstlerische Aktaufnahmen in pornografischen Zusammenhängen verwendet, kann eine schwerwiegende Persönlichkeitsrechtsverletzung vorliegen, die auch nicht vom Modelvertrag gedeckt ist. Wenn im Vertrag z.B. geregelt ist, dass die Fotos »für Werbung« verwendet werden dürfen, heißt dies nicht unbedingt, dass sie für wirklich jede Werbung verwendet werden dürfen, sondern nur für solche, deren Zweck bei Fertigung der Aufnahmen erkennbar war. Auf jeden Fall sollte ein Anwalt eingeschaltet werden, wenn man meint, dass ein Bildnis vertragswidrig (z.B. für Werbung für sexuelle Dienstleistungen oder spezielle Waren) verwendet wird. In bestimmten Fällen sind die eigenen Anwaltskosten von demjenigen zu ersetzen, der sich vertragswidrig verhält. In jedem Fall muss der Vertrag überprüft werden.

Die Fotografien werden nicht übersandt

Auch dies ist ein häufiges Ärgernis: Die vereinbarten Abzüge werden nicht übersandt. Hier gilt dasselbe wie bei anderen Leistungen: Man mahnt den Fotografen unter Fristsetzung (»... bis zum 13. Mai 2011«) an. Danach kann ein Anwalt eingeschaltet werden, der weiterhilft.

Reisekosten werden nicht erstattet

Reisekosten stellen ein Problem dar: weil nämlich häufig nur dürre oder gar keine Regelungen im Vertrag enthalten sind. Ein Model darf, wenn dies vereinbart ist, angemessene Reisekosten verlangen, das heißt, eine Bahnfahrkarte zweiter Klasse, das tatsächliche Kilometergeld bei Nutzung des eigenen Pkw (Tankquittung aufbewahren) oder eine Pauschale (z.B. 25 Cent/km). Ist nichts vereinbart, muss das Model die Kosten in der Regel selber tragen. Es ist aber nicht zu vergessen: Als Model ist man Unternehmer/in und kann vereinbaren, was man möchte. Wenn vereinbarte Kosten nicht bezahlt werden, gilt das zum Honorar Erwähnte.

Vertragsverletzungen durch das Model

Die Vertragsverletzung kann auch vom Fotomodel ausgehen. Es erscheint gar nicht oder kommt viel zu spät. Statt »hübscher Kleidung« (weil Beautyaufnahmen geplant sind oder es so im Vertrag steht) hat es alte Jeans an. Oder es wird erkennbar beim Gewicht geschummelt. Dann muss das Model sich darauf gefasst machen, dass der Fotograf Schadensersatz fordert. Denn sichert man bestimmte Eigenschaften zu und kann diese dann am Tag des Shootings tatsächlich gar nicht vorweisen, so verletzt man ggf. einen bereits geschlossenen Vertrag. Nur dann, wenn äußere, vom Model nicht beherrschbare Umstände die Leistung unmöglich machen, z.B. Krankheit, wird es von der Leistung frei. Diese Umstände müssen sich allerdings belegen lassen – etwa durch ein Attest. Es ist weder cool noch schick, deutlich zu spät zu kommen, sondern zeigt dem Fotografen nur, dass ein Model nicht professionell arbeiten kann.

1.11 BILDERKLAU DURCH DRITTE

Auch Dritte können Persönlichkeitsrechte des Models verletzen, vor allem, indem sie Bildnisse ungefragt verwenden – sei es in der Werbung oder in Zeitungsbeiträgen, für Verpackungsgestaltungen oder auf Flyern, in denen für eine Party geworben wird. Das kommt sehr häufig vor. Gerade für die Berechnung der dafür fälligen Schadensersatzzahlungen dient die KöGa-Liste. In jedem Fall ist ein Anwalt einzuschalten.

1.12 KEINE ANGST VORM ANWALT

Die Folgen von Vertrags- und Rechtsverletzungen sollten mit einem spezialisierten Anwalt besprochen werden. Dieser kennt die Sorgen und Nöte von Catwalk-Models ebenso wie die eines Models für Erotikaufnahmen. Wichtig ist, dass er sich den mit der Gegenseite bestehenden Vertrag zeigen lässt. Der Anwalt klärt dann über die Möglichkeiten auf, Geldansprüche geltend zu machen (z.B. Mahnbescheid, Klage, Mediation) oder solche gerichtet auf Unterlassung (z.B. Abmahnung, einstweilige Verfügung, Klage). Er wird auch über die Kosten unterrichten.

Kapitel 2

Das Recht am eigenen Bild – Bildnisrecht

2.1 Was ist ein Bildnis und wann ist es geschützt? 44
2.2 Wann braucht man eine Einwilligung für die Nutzung eines Bildnisses? 47
2.3 Ausnahmen vom Nutzungsverbot 52
2.4 Ansprüche bei unberechtigter Nutzung 53

Kapitel 2 — Das Recht am eigenen Bild – Bildnisrecht

Grundsätzlich darf jeder Mensch selbst darüber bestimmen, ob und in welchem Umfang Bilder von ihm verbreitet oder öffentlich zur Schau gestellt werden. Das ist der wesentliche Inhalt des Rechts am eigenen Bild. Es ist eine besondere Ausprägung des allgemeinen Persönlichkeitsrechts und wird im Kunsturhebergesetz (KUG) seit 1907 ausdrücklich geschützt.

Den Anstoß für die Einführung eines Gesetzes zum Bildnisschutz soll ein Medienskandal im Jahre 1898 gegeben haben: Damals drangen zwei Journalisten heimlich in das Sterbezimmer von Otto von Bismarck in Friedrichsruh ein und fotografierten dessen Leiche. Da es kein entsprechendes Gesetz gab, das die Nutzung der Abbildungen verbot, hat das damals zuständige Reichsgericht das Verbot der Bilder damit begründet, dass diese im Rahmen eines Hausfriedensbruchs gefertigt worden seien. 1907 dann wurde erstmals das Recht am eigenen Bild im KUG einheitlich geregelt.

2.1 WAS IST EIN BILDNIS UND WANN IST ES GESCHÜTZT?

Ein Bildnis darf nur mit dem Einverständnis des abgebildeten Menschen verbreitet oder öffentlich zur Schau gestellt werden, § 22 KUG. Voraussetzung ist zunächst, dass es sich bei einer Darstellung um ein »Bildnis« in diesem Sinne handelt.

Begriff des Bildnisses

Um ein Bildnis im Sinne von § 22 KUG handelt es sich in der Regel, wenn eine oder mehrere Personen auf dem Bild erkennbar abgebildet sind. Grundsätzlich ist jede Person geschützt. Auch für Verstorbene gilt der Bildnisschutz und zwar nach dem Gesetz noch zehn Jahre nach dem Tod. Für den Verstorbenen dürfen nur die nächsten Angehörigen das Recht geltend machen. Hierzu zählen der Ehegatte oder Lebenspartner und die Kinder des Verstorbenen.

Erkennbarkeit

Die Person, die Bildnisschutz beansprucht, muss aber »erkennbar« sein.

Erkennbar ist eine Person, wenn sie auf dem Bild erkannt werden kann. Dabei kommt es nicht darauf an, dass die Person der Allgemeinheit bekannt ist, also z.B. prominent ist. Auch wenn die Person nur von ihrem Bekanntenkreis auf dem Bild erkannt werden kann, ist sie »erkennbar«. Normalerweise sind Menschen am besten an ihren Gesichtszügen zu erkennen. Die Abbildung des Gesichtes ist aber nicht unbedingt notwendig. Es reicht auch aus, wenn die Person an anderen individuellen Merkmalen erkannt werden kann oder wenn andere Informationen aus dem Zusammenhang auf die Identität des Abgebildeten schließen lassen. Es gibt z.B. Fälle, wo Personen von hinten für erkennbar gehalten wurden – etwa aufgrund Statur, Körperhaltung, Haarschnitt. Augenbalken sorgen meist nicht für die notwendige Entfremdung, das heißt, es liegt dann immer noch ein Bildnis vor. Dies gilt auch, wenn z.B. der Name unter dem Bild oder im dazugehörigen Text genannt wird, die Person selbst aber auf der Abbildung nicht erkennbar ist. Ausreichend ist es auch, wenn das Bild aus einem anderen Zusammenhang bereits bekannt ist und der Betrachter hierdurch die Identität der abgebildeten Person wiedererkennen könnte. Dies kann z.B. ein aus der Presse bekanntes Bild sein (wie der Kniefall von Willy Brandt), das später in einem anderen Zusammenhang z.B. in der Werbung benutzt wird.

Beispielfälle

Fälle, in denen die Gerichte die Erkennbarkeit bejaht haben, sind z.B.:

Ein Reiter wurde auf einem Bild aufgrund seines gut erkennbar abgebildeten, prominenten Pferdes als »erkennbar« gewertet (OLG Düsseldorf, GRUR 1970, 618 – Schleppjagd).

Der Rückenakt auf einem Cover wurde als erkennbar eingestuft, da weitere Aufnahmen, die das Model erkennen ließen, im Innenteil der Zeitung abgebildet waren (OLG Düsseldorf, AfP 1984, 229 f.).

Kapitel 2 — Das Recht am eigenen Bild – Bildnisrecht

Die Rückenansicht eines bekannten Fußballspielers wurde vom Gericht aufgrund der individuellen Körperhaltung, Statur und Frisur des Abgebildeten als »erkennbar« eingestuft (BGH GRUR 1979, 732 – Fußballtor).

Sonderfall: Aktaufnahmen, Teil- oder Rückenakt

Ist die abgebildete Person nicht erkennbar im vorgenannten Sinne, genießt sie keinen Schutz nach § 22 KUG. Die Rechtsprechung anerkennt aber ein Schutzbedürfnis, wenn ein unbekleideter Mensch abgebildet wird. Denn der nackte Körper wird der Intimsphäre zugeordnet und genießt daher einen besonderen Schutz. Begründet wird dies damit, dass die abgebildete Person immer mit der Möglichkeit rechnen muss, dass ihre Identität doch aufgedeckt wird. Daher muss bei Aktaufnahmen immer – auch wenn das Model nicht erkennbar ist – eine Einwilligung vorliegen. Voraussetzung ist allerdings, dass nicht nur unwesentliche Körperteile abgebildet sind.

Darstellungsformen

Bei der Abbildung muss es sich nicht unbedingt um ein Foto handeln. Alle möglichen bildlichen Darstellungen fallen unter den Begriff des Bildnisses. Hierunter fallen z.B. auch Filmsequenzen, Gemälde, Zeichnungen, Statuen, Puppen, Wandbilder, Computeranimationen oder auch Totenmasken etc. Auch wenn die Person durch ein Double gezielt nachgestellt wird, gilt dies als »Bildnis«.

Zusammenfassung

Ein Bildnis zeigt den Menschen – egal ob gestellt (Fotomodel) oder in natürlicher Umgebung (Straßenbild, Sportveranstaltung, Schnappschuss), egal ob angezogen (Fashion-Model) oder unbekleidet (Aktmodel, am Strand), egal ob Karikatur oder Fotografie. Ist der Mensch erkennbar, genießt er Bildnisschutz nach dem KUG, ist er nicht erkennbar, aber unbekleidet, hilft das allgemeine Persönlichkeitsrecht.

2.2 WANN BRAUCHT MAN EINE EINWILLIGUNG FÜR DIE NUTZUNG EINES BILDNISSES?

Möchte man ein Bildnis nutzen, bedarf man grundsätzlich immer der Einwilligung. Mit der Einwilligung erteilt der Abgebildete jemandem das Recht, sein Bild zu nutzen.

Die Nutzungsarten

Das Gesetz gebietet eine Einwilligung, wenn Bildnisse verbreitet oder öffentlich zur Schau gestellt werden.

Verbreiten bedeutet, dass man Vervielfältigungsstücke (also z.B. Kopien, Abzüge) eines Bildnisses verschenkt oder verteilt. Dabei reicht es, wenn man das Bild in digitaler Form weitergibt. Ein »Verbreiten« ist also jede Weitergabe von Bildnissen – z.B. in der Presse, im Internet, aber auch im privaten Bereich.

Öffentlich zur Schau stellen bedeutet, dass es von einer Vielzahl von Personen gesehen werden kann. Es kommt nicht darauf an, wie viele Personen es tatsächlich gesehen haben. Wenn ein Bild allerdings nur im privaten Kreis gezeigt wird, ist dies noch kein öffentliches Zurschaustellen.

»Veröffentlichung« heißt dabei die Abbildung des Bildnisses in der Öffentlichkeit; dazu gehören Abdrucke in Zeitungen ebenso wie ein Erscheinen im Internet. Auch jede Form von Werbung ist hiermit gemeint. Niemand, egal ob Privatperson oder Fotomodel (gleich ob Fashion, Porträt oder Akt, gleich ob gestellt oder zufällig aufgenommen), muss es sich gefallen lassen, gegen seinen Willen in der Öffentlichkeit zu erscheinen.

Formen der Einwilligungserklärung – ausdrücklich oder konkludent

Die Einwilligung kann ausdrücklich erklärt werden, z.B. schriftlich oder mündlich. Sie kann aber auch stillschweigend oder konkludent, also durch schlüssiges Handeln, erteilt werden. Das ist z.B. dann anzunehmen, wenn der Abgebildete absichtlich vor einem Fotografen posiert. Voraussetzung einer stillschweigenden Einwilligung ist aber immer, dass das Model über den Zweck und Umfang der konkreten Nutzung Bescheid weiß und dieser nicht widerspricht. Mündliche Einwilligungen sind zwar wirksam, haben aber den Nachteil, dass sie sich später schwerer beweisen lassen.

In der Fotobranche wird die Einwilligung meist im »Model-Release-Vertrag«, »Release-Vertrag« oder einer »Model-Vereinbarung« geregelt. Wenn für die Einwilligung Honorarzahlungen vereinbart werden, nennt man dies auch »Buyout«. Der Begriff »Buyout« ist missverständlich und wird in der Praxis unterschiedlich benutzt.

Zum einen wird unter »Buyout« lediglich das Entgelt für die Einräumung der Nutzungsrechte, also die Einwilligung zur konkreten Nutzung verstanden. In diesem Fall wird die Arbeitsgage extra berechnet und gezahlt. Demgegenüber wird teilweise die gesamte Vergütung des Models, also die Arbeitsgage inklusive des Entgelts für die Nutzungsrechte verstanden. Der Begriff »Buyout« klingt danach, dass hierunter sämtliche Rechte verstanden werden müssten. Dies ist nicht der Fall. Ein »Buyout« muss nicht alle möglichen Nutzungen beinhalten, sondern kann sich auch auf einzelne Nutzungsrechte bzw. Zwecke beziehen. Bei Unklarheiten sollte nachgefragt werden, was genau unter »Buyout« im konkreten Fall gemeint ist. Mehr zu diesem Thema finden Sie im Abschnitt 1.7.

Vermutungsregel des § 22 Satz 2 KUG

Wenn eine Person ein Honorar erhalten hat, gilt nach § 22 Satz 2 KUG im Zweifel die Einwilligung als erteilt. Dabei muss die Gegenleistung für die Modeltätigkeit und die Verwendung der Bilder gezahlt werden. Es reicht nicht aus, dass ein Arbeitnehmer, der bei der Ausführung seiner Arbeit fotografiert wird, seinen üblichen Arbeitslohn erhält. Diese Vermutung einer Einwilligung kann vom Abgebildeten widerlegt werden.

Die Regel des § 22 KUG besagt außerdem nur, *ob* von einer Einwilligung ausgegangen werden kann. Die Frage, *wie weit* die Einwilligung zur Nutzung der Bilder geht, ist damit noch nicht beantwortet und immer von den Umständen des Einzelfalles abhängig. Insbesondere sind Umfang und Zweck nicht aus der Tatsache, dass eine Entlohnung erfolgt, herauszulesen. Eine Regel ist, dass die Einwilligung zumindest nicht weitergehen kann als der Zweck der Nutzung, den das Model erkennen konnte. Wer Modell steht und dafür Geld bekommt, willigt noch lange nicht zu einer Verwendung des Bildnisses in der Werbung ein. So kann sich ein Aktmodel sicher dagegen wehren, wenn ein Bildnis auf einmal in einer Illustrierten oder im Internet im Zusammenhang mit einer Anzeige für Telefonsex gezeigt wird.

Auch darf die Gegenleistung nicht unangemessen niedrig sein. In einem solchen Fall kann eine Einwilligung sogar sittenwidrig und somit nichtig sein. Dies wurde beispielsweise angenommen bei einer Gegenleistung von einigen Abzügen der Bilder für die Veröffentlichung von Aktfotos (so noch OLG Stuttgart, NJW-RR 1987, 1434, 1435). Ob diese Entscheidung aber im Hinblick auf heutige Gepflogenheiten so noch aufrechtzuerhalten ist, ist fraglich.

Inhalt der Einwilligung/Verträge

Eine Einwilligung muss nicht schrankenlos, also für jede Art der Veröffentlichung erteilt werden. Insbesondere bei stillschweigenden Einwilligungen kann nicht von einer unbeschränkten Einwilligung ausgegangen werden. In Model-Release-Verträgen sind häufig unbeschränkte Einwilligungen der Models enthalten. Dies kommt den Nutzern der Bilder entgegen, die sich am liebsten alle Nutzungsrechte unwiderruflich und für alle Zeiten sichern möchten. Vorteilhafter für das Model ist es aber, die Einwilligung – falls möglich – entsprechend dem Nutzungszweck zu beschränken. Dies ist auch üblich und sinnvoll. Die Einwilligung sollte am besten auf die konkret beabsichtigte Nutzung beschränkt werden und insbesondere von der Höhe der Zahlungen abhängig gemacht werden. Also je mehr Nutzungsrechte vergeben werden, desto höher sollte das Buyout sein.

Neben der tatsächlichen »Arbeit« als Model, indem sich das Model fotografieren (oder filmen) lässt, ist die Einwilligung in die konkrete Verwendung der Abbildungen nämlich das zweite kapitale Gut eines Models, mit dem es Geld verdienen kann.

Beweislast

Grundsätzlich muss derjenige die Einwilligung beweisen, der das Bildnis verwendet. Er hat auch die Pflicht, sich vor der Nutzung darüber zu informieren, ob eine entsprechende ausreichende Einwilligung vorliegt, insbesondere, wenn er das Bildnis von einem Dritten (Fotografen, Agentur) erhalten hat. Daher ist es den Nutzern eines Bildnisses sehr anzuraten, immer eine schriftliche Einwilligungserklärung des Abgebildeten einzuholen, bzw. sich eine solche vorzeigen zu lassen. Kann er nämlich die Einwilligung nicht beweisen und das Model bestreitet die Einwilligung, muss er mitunter mit hohen Schadensersatzleistungen rechnen und darf das Bildnis nicht weiter nutzen.

Widerruf einer einmal erteilten Einwilligung

Grundsätzlich muss sich der Abgebildete an einer einmal erteilten Einwilligung festhalten lassen. Die Möglichkeit eines Widerrufs ist an strenge Voraussetzungen gebunden.

Bei der Beurteilung ist zu unterscheiden, ob es sich um Bilder handelt, bei denen bewusst und gegen Bezahlung Modell gestanden wurde, oder ob es sich um Bilder handelt, die eher aus der Situation heraus geschossen wurden und für die der Abgebildete nicht im Sinne eines Models posiert hat.

2.2 Wann braucht man eine Einwilligung für die Nutzung eines Bildnisses?

Im ersten Fall ist sich das Model über die spätere Nutzung der Bilder bewusst. In diesem Fall müssen sehr gute und starke Gründe für den Widerruf einer einmal erteilten Einwilligung vorliegen, da der Rechteinhaber (der Kunde oder Fotograf) ein berechtigtes und schutzwürdiges Interesse an der fortgesetzten Verwendungsmöglichkeit hat. Häufig hat er auch erhebliche andere Kosten für die Erstellung der Bilder aufgewendet (z.b. Kosten für Hairstyling und Make-up-Artists, Kamerazubehör, Fotografengage, Locationkosten etc.). Ein Widerruf kommt nur in Betracht, wenn die weitere Nutzung der abgebildeten Person unzumutbar ist. Das ist schwer zu begründen, schon gar nicht bei Fotomodellen, die nach ein paar Jahren meinen, z.B. mit den früheren Aktarbeiten nicht mehr konfrontiert werden zu wollen. Wenn der Widerruf begründet ist, muss das Model dem Verwender den ihm entstehenden Schaden ersetzen. Um dem Model aber die Ausübung des Rechtes am eigenen Bild, das ein wesentliches Recht darstellt, nicht aus finanziellen Gründen unmöglich zu machen, wird die Ansicht vertreten, dass nur der Schaden, der für die vergebliche Fotoproduktion aufgewendet wurde, zu ersetzen ist.

Wurde der Abgebildete dagegen spontan fotografiert oder vom Fotografen überrumpelt, kann der Widerruf einer Einwilligung ggf. leichter begründet werden.

Minderjährige Models

Solange der Abgebildete noch nicht volljährig ist, müssen die gesetzlichen Vertreter die Einwilligung zur Nutzung erteilen. Wenn der Abgebildete zwar noch nicht volljährig, aber schon »einsichtsfähig« ist, was in der Regel ab dem 14. Lebensjahr angenommen wird, sollte auch dessen Einwilligung zusätzlich zu der Einwilligung der gesetzlichen Vertreter vorliegen.

Was gilt, wenn der Abgebildete nicht mehr lebt?

Bis zu zehn Jahren nach dem Tod des Abgebildeten müssen die nächsten Angehörigen, also Ehegatte, Lebenspartner und Kinder, eine Einwilligung erteilen. Danach können Bildnisse in der Regel einwilligungsfrei verwendet werden.

2.3 AUSNAHMEN VOM NUTZUNGSVERBOT

Von der Regel des § 22 KUG gibt es Ausnahmen, die in §§ 23 und 24 KUG (s. Kapitel 5) beschrieben sind. Wenn eine Ausnahme vorliegt, müssen sich Abgebildete auch ohne Einwilligung gefallen lassen, dass ihr Bildnis genutzt wird.

Nr. 1 – Bildnisse aus dem Bereich der Zeitgeschichte

Wenn ein Bildnis aus dem Bereich der Zeitgeschichte stammt, darf es ohne Einwilligung der Abgebildeten veröffentlicht werden. Das sind Ereignisse von gewissem öffentlichem Interesse, so zum Beispiel aus den Bereichen Kunst und Kultur, Sport, Politik, Gesellschaft, und zwar auch, wenn sie überwiegend Unterhaltungsinteressen dienen. Solche Bildnisse – insbesondere wenn es sich nicht um Politiker, Schauspieler oder sonst Prominente handelt – können aber nicht ewig verwendet werden, weil das Interesse am jeweiligen Ereignis in der Regel nach gewisser Zeit nachlässt. Dann endet auch die Nutzungsbefugnis.

Nr. 2 – Unwesentliches Beiwerk

Erscheint eine Person neben einer Landschaft oder sonstigen Örtlichkeit (Straße), ist die Nutzung zulässig, wenn es sich bei ihr um Beiwerk handelt. Der Beiwerkscharakter wird bejaht, wenn die Person weggelassen werden kann, ohne den Gesamteindruck des Bildes zu ändern. Nach der Rechtsprechung ist es aber erlaubt, die Lebendigkeit der Gesamtdarstellung sozusagen beiläufig zu erhöhen; sind also die Personen nur bei Gelegenheit erschienen und nicht aus der Anonymität herausgehoben, so gelten sie weiterhin als unwesentliches Beiwerk.

Nr. 3 – Öffentliche Versammlungen oder Aufzüge

Bilder von Versammlungen, Aufzügen oder ähnlichen Vorgängen, auf denen Personen zu sehen sind, können einwilligungsfrei verwendet werden. Denn wer an einer Veranstaltung teilnimmt, der muss auch damit rechnen, dass er gesehen und fotografiert wird. Auch hier muss der Schwerpunkt des Bildes auf der Darstellung des Geschehens liegen, nicht aber auf der Darstellung der Personen, die daran teilgenommen haben. Ein »Herausschießen« einzelner Teilnehmer aus der Menge ist nicht erlaubt.

Nr. 4 – Höheres Interesse der Kunst

Diese Ausnahme spielt in der Praxis kaum eine Rolle und wird hier nicht behandelt.

Dagegen: Berechtigtes Interesse § 23 Abs. 2 KUG

Wenn die Nutzung nach § 23 Abs. 1 KUG zulässig ist, kann noch immer ein berechtigtes Interesse des Abgebildeten daran bestehen, nicht gezeigt zu werden, z.B. bei besonders gefährdeten Personen. Außerdem darf ein Bildnis nicht ungefragt für Werbezwecke verwendet werden.

§ 24 KUG

Eine weitere Ausnahme enthält § 24 KUG. Behörden dürfen Bildnisse – selbst oder etwa durch Zeitungen – ohne Einwilligung nutzen, wenn dies für die Rechtspflege notwendig ist, oder um die öffentliche Sicherheit zu gewährleisten.

2.4 ANSPRÜCHE BEI UNBERECHTIGTER NUTZUNG

Wenn ein Bildnis unberechtigt genutzt wurde, hat der Abgebildete verschiedene Ansprüche gegen den Verletzer. Oft ist – gerade in Fällen, in denen etwa ein Aktbild rechtswidrig veröffentlicht wurde – eine gewisse Scheu vorhanden, einen Anwalt aufzusuchen, da das Ganze dem Abgebildeten ein wenig peinlich ist. Spezialisierte Rechtsanwälte haben aber häufig mit derartigen oder vergleichbaren Fallgestaltungen zu tun und es ist angezeigt, einen Anwalt mit der Wahrnehmung der eigenen Interessen zu beauftragen. Das kostet zwar Geld, doch wird zumeist der Gegner, also derjenige, der ein Bildnis unberechtigt veröffentlicht hat, diese Kosten übernehmen müssen. Insbesondere die folgenden Ansprüche kommen in Betracht:

Beseitigung und Unterlassung

Der Abgebildete hat das Recht, vom Nutzer der Bilder zu verlangen, dass dieser die Nutzung ab sofort unterlässt. Um sicherzugehen, dass der Nutzer auch künftig die Bilder nicht wieder unberechtigt nutzt, ist dieser in der Regel verpflichtet, eine strafbewehrte Unterlassung- und Verpflichtungserklärung abzugeben. Dem Gang zu Gericht vorgelagert ist damit die bildnisrechtliche Abmahnung. Wenn der Verletzer die Abgabe der Erklärung verweigert, hat der Abgebildete die Möglichkeit, den Nutzer gerichtlich hierzu verurteilen zu lassen. In diesem Fall wird das Gericht dem Nutzer ein Ordnungsgeld oder Ordnungshaft androhen für den Fall, dass dieser die unberechtigte Nutzung wiederholt.

Vernichtung der Fotos

Wenn die Fotografien unberechtigt hergestellt wurden, hat der Abgebildete das Recht, die Vernichtung der Fotos zu verlangen. Von diesem Recht wird in der Praxis selten Gebrauch gemacht, was schon daran liegt, dass die meisten unzulässigen Verbreitungen und Zurschaustellungen in Zeitungen und im Internet erfolgen.

Schadensersatz nach Lizenzanalogie

Das allgemeine Persönlichkeitsrecht schützt auch die vermögenswerten Interessen der abgebildeten Person. Der Schadensersatz nach den Grundsätzen der Lizenzanalogie ergibt sich aus dem Gedanken, dass derjenige, der Rechte anderer verletzt, nicht besser dastehen darf, als wenn er die Rechte nicht verletzt hätte und stattdessen zuvor eine ordnungsgemäße Erlaubnis eingeholt hätte. Da eine solche Erlaubnis normalerweise nur gegen Zahlung einer entsprechenden Lizenzgebühr eingeräumt wird, muss der Verletzer einen Schadensersatz in Höhe dieser Lizenz zahlen. Die Frage ist also: Was hätte der Verletzer an Lizenzgebühren zahlen müssen, wenn er den Berechtigten vor Verwendung der Bildnisse gefragt hätte?

Die Höhe der Lizenzen für ein Bildnis kann natürlich sehr unterschiedlich sein. So wird man für das Bild eines Top-Models andere Lizenzen zahlen müssen als für das Bild eines unbekannten Laienmodels. Auch der Zweck, für den das Bild genutzt wird, hat Einfluss auf den Preis. Für eine weltweite Werbekampagne auf Postern und in Illustrierten ist mehr zu zahlen als für die Veröffentlichung eines Bildnisses in einem Stadtteilmagazin.

Wenn das Model nachweisen kann, dass es bestimmte Preise für die Nutzung seiner Bildnisse bekommt, können diese Preise als Grundlage für die Lizenzanalogie angenommen werden. Dies wird grundsätzlich bei Profimodellen und Prominenten der Fall sein, die ihre Bilder geschäftsmäßig verkaufen. Diese können dann durch die Vorlage entsprechender Verträge für vergleichbare Bilder ihre Lizenzforderungen beweisen.

Was aber, wenn es sich bei dem Abgebildeten um jemanden handelt, der seine Bildnisse nicht ständig berufsmäßig verkauft und daher auch noch keine eigenen Preise vorweisen kann?

Für diese – weitaus größte – Gruppe wurde die *KöGa-Liste* erstellt. In dieser sind u.a. die Ergebnisse einer Umfrage unter deutschen Model- und Castingagenturen sowie unter Bookern zusammengefasst. Dabei wurden nur die Preise von Nicht-Profi-Models berücksichtigt. Sie gibt also die Lizenzen wieder, die jeder »normale« Mensch, also sowohl Laien- und Semiprofi-Models als auch jeder, der noch gar nicht als Model gearbeitet hat, für die Nutzung seiner Bilder auf dem deutschen Markt verlangen kann.

In der KöGa-Liste sind Berechnungsbeispiele und Erläuterungen enthalten, die die Einordnung erleichtern sollen. Es sind aber darüber hinaus immer auch die Besonderheiten im konkreten Einzelfall zu beachten, die die Höhe einer angemessenen Lizenz beeinflussen können.

Die folgenden Gerichtsentscheidungen geben zuerkannte Schadensersatzansprüche nach Lizenzanalogie wieder, wobei zu beachten ist, dass es sich bei den Abgebildeten fast ausschließlich um Prominente handelte:

- 2.500 Euro für die Verwendung von acht Akt- und Teilaktfotos, die im Rahmen einer TFP(Time for Pictures)-Vereinbarung zwischen der Abgebildeten und dem Fotografen angefertigt wurden und ohne Einwilligung der Abgebildeten zur Eigenwerbung des Fotografen auf verschiedenen Webseiten im Internet öffentlich zugänglich gemacht wurden (LG Hamburg, 324 O 916/08, unveröffentlicht)
- 5.000 Euro für den ungenehmigten Vorabdruck von Nacktfotos der Darstellerin einer Nachmittags-Soap in der Bild-Zeitung (LG Berlin, ZUM 2002, 929)
- 15.000 Euro für die Erben des Fußballspielers Fritz Walter für die Verwendung eines Fotos der deutschen Fußballnationalmannschaft von 1954 in der Werbung eines Autoherstellers (LG München I, ZUM 2003, 418)
- 155.000 DM für die Verwendung eines Doubles, das Ivan Rebroff darstellte, in einer Fernsehwerbung für Kalinka-Kefir (OLG Karlsruhe, AfP 1998, 326)
- 158.000 DM für die Verwendung von Bildern von Boris Becker im Prospekt der Firma Saturn (OLG München, ZUM 2003, 139)
- 200.000 Euro für die Verwendung eines bearbeiteten Fotos eines Bundestagsabgeordneten und Bundesaußenministers a.D. im Rahmen einer Werbekampagne einer Zeitung (LG Hamburg, ZUM 2007, 155)

Weiterer Schadensersatz

Der Rechtsverletzer muss grundsätzlich auch die Kosten ersetzen, die der Berechtigte für die Verfolgung seiner Rechte aufwenden muss. Dazu zählen insbesondere die Kosten eines vom Abgebildeten beauftragten Rechtsanwalts.

Geldentschädigung – »Schmerzensgeld«

Wenn das Persönlichkeitsrecht des Abgebildeten in besonders schwerer Weise verletzt worden ist, also die Intensität des Eingriffs außergewöhnlich groß ist, besteht ggf. ein Anspruch auf Genugtuung in Form von »Schmerzensgeld«. Dieses nennt man im Bereich des Persönlichkeitsrechts Geldentschädigung.

Durch die Geldentschädigung soll der Abgebildete eine Genugtuung erlangen, die die Verletzung ausgleicht. An der erforderlichen Schwere des Eingriffs fehlt es grundsätzlich, wenn der Abgebildete weitgehend anonymisiert wurde, also nicht erkennbar ist. Um eine Geldentschädigung zu bejahen, muss in der Regel außerdem ein schweres Verschulden des Verletzers vorliegen.

Die Rechtsprechung zu diesem Punkt ist kompliziert und kann sinnvoll nur mit einem spezialisierten Anwalt geprüft und auf den eigenen Fall angewandt werden.

Die Höhe der Geldentschädigung bemisst sich nach den Umständen des Einzelfalles. Dabei sind neben der Verletzungshandlung vor allem auch die Folgen der Verletzung für den Abgebildeten zu berücksichtigen. Die folgenden Gerichtsentscheidungen sollen Anhaltspunkte liefern:

- 3.000 Euro für die Ausstrahlung von Aufnahmen bei Pro 7, die einen Nacktbader frontal zeigen und die ohne sein Wissen gefertigt wurden (LG München I, NJW 2004, 617)
- 5.000 Euro für die Veröffentlichung eines Fotos der Mutter eines Verbrechensopfers im Gerichtssaal (LG Münster, NJW-RR 2005, 1065)

- 5.000 Euro für die nach dem Tode erfolgte Veröffentlichung eines Nacktfotos von Marlene Dietrich (OLG München, GRUR-RR 2002, 341 – Marlene Dietrich nackt)
- 25.000 Euro für die unberechtigte Veröffentlichung und Verbreitung erotischer Fotos im Internet unter Angabe von Namen, Anschrift und Telefonnummer der Abgebildeten (LG Kiel, NJW 2007, 1002)
- 20.000 DM für die Veröffentlichung eines Nacktfotos auf einem Titelblatt, in dessen Zusammenhang der Eindruck sexueller Verfügbarkeit der Abgebildeten erweckt wurde (OLG Hamm, NJW-RR 1997, 1044)
- 30.000 DM für die Veröffentlichung privater Nacktfotos der hochschwangeren Nina Hagen, deren Veröffentlichung einem Verlag vorher bereits verboten worden war (LG Berlin, AfP 2001, 246)
- 70.000 Euro für die Verunglimpfung einer 16-Jährigen, deren Name »Lisa Loch« wiederholt Gegenstand sexueller Anspielungen durch den Moderator einer TV-Show war (OLG Hamm, NJW-RR, 2004, 919 = AfP 2004, 543 – TV Total)
- 150.000 DM für die Abbildung der Tochter von Caroline von Monaco kurz nach ihrer Geburt zusammen mit ihrer Mutter, wobei die Fotos heimlich angefertigt wurden, und 125.000 DM für Caroline von Monaco selber für die Berücksichtigung weiterer Umstände (BGH, NJW 2005, 215).
- 150.000 DM für heimlich gefertigte Paparazzi-Fotos der Betroffenen, die sie teils nackt (Intimsphäre), teils zusammen mit ihren Kindern (Privatsphäre) zeigen (LG Hamburg, ZUM 2002, 68)

Kapitel 3

KöGa-Liste der Modelhonorare

3.1　Anwendungshinweise............................. 60
3.2　Buyout-Arten für erwachsene Models................ 66
3.3　Buyout-Arten für Kindermodels..................... 85

3.1 ANWENDUNGSHINWEISE

In der KöGa-Liste wird grundsätzlich getrennt zwischen reiner Arbeitszeitvergütung (hier *Arbeitsgage*) und zusätzlicher Vergütung für die Einräumung der Nutzungsrechte (hier *Buyout*). Die Arbeitsgage ist dabei das Grundhonorar, das das Model für einen ganzen Arbeitstag erhält. Eine Arbeitsgage dient als Grundlage für die Berechnung der Buyouts (= 100%).

Diese Trennung ist vor allem bei Filmproduktionen Standard, kommt aber auch bei Fotoproduktionen vor.

Im Fotobereich ist es in der Praxis üblicher, dass Arbeitsgage und Buyout nicht getrennt ausgewiesen werden, sondern als pauschale »Tagesgage« zusammen verhandelt werden. Nachteil dieser Vorgehensweise ist, dass man nicht weiß, wie hoch die Arbeitsgage ist. Dies führt regelmäßig zu Problemen bei einem späteren Nachkauf von Rechten. Sollen nämlich später weitere Rechte nachgekauft oder verlängert werden, stellt sich die Frage, welche Berechnungsgrundlage hierfür anzusetzen ist. Statt der Arbeitsgage legen die Agenturen die pauschale Model- oder Tagesgage (die ja eigentlich schon diverse Nutzungsrechte beinhaltet) zugrunde, was für den Kunden teurer wird. Einige Kunden verlangen daher, die Arbeitsgage nachträglich zu vereinbaren oder aber auf der Grundlage einer Halbtagesgage abzurechnen. Dagegen spricht, dass die Pauschalangebote häufig viel günstiger ausfallen, als dies bei einer getrennten Berechnung der Fall gewesen wäre. Ratsam wäre es daher, bereits im Vorwege Optionen für einen späteren Nachkauf von Rechten auszuhandeln oder aber die Arbeitsgage von vornherein aufzuschlüsseln.

Die Höhe der Arbeitsgage ist von vielen Faktoren abhängig. In der Praxis entscheiden oft die Kunden, wie viel Geld sie zur Verfügung haben, und suchen danach das Model aus. Models haben sehr selten die Möglichkeit, das Honorar tatsächlich zu verhandeln. Meist werden sie vor die Wahl gestellt, einen Job für das angebotene Geld zu machen, oder es wird ein anderes Model genommen. Agenturen machen für »gute« Kunden häufig bessere Preise. Da hier nicht auf alle Situationen und Eventualitäten der verschiedenen Kunden eingegangen werden kann, wird zur Einordnung der

Anwendungshinweise 3.1

Arbeitsgage auf das Model abgestellt. Dabei ist zu beachten, dass es sich hier nur um einen zusammengefassten Überblick handelt.

Bei der Verwendung der KöGa-Liste ist es daher notwendig, zuerst zu klären, ob das Model als Laienmodel tätig ist oder als semiprofessionell arbeitendes Model.

Die Angaben in der KöGa-Liste können aber auch von Profimodels verwendet werden; in diesem Bereich bilden sich jedoch häufig ganz eigene Preise heraus, die weniger mit der Tätigkeit, sondern vielmehr mit der Erfahrung, den Sympathiewerten und den Qualitätsmerkmalen (perfekte Maße, besonderes Äußeres, geübtes Posing etc.) des Models oder der prominenten Person (z.B. bei Top-Models, bekannten Schauspielern oder Sportlern) zu tun haben.

Für die Angaben im Nachfolgenden haben wir folgende Definitionen zugrunde gelegt:

Laienmodel (Amateurmodel)

Subjektiv: Bisher keine ernsthafte Karriereplanung im Bereich Modeling.

Objektiv: Noch wenig Erfahrung im Modeln. Überwiegend im Bereich TFP (Time for Print oder Pictures) tätig. Noch keine Agenturvertretung. Keine Sedcard und kein professionelles Modelbook vorhanden.

Semiprofessionelles Model

Subjektiv: Die Modeltätigkeit soll als ständiger Nebenerwerb während Schule, Studium und regulärem Job dienen. Karriere als Profimodel nicht geplant, aber möglich.

Objektiv: Bereits einige Jobs (Shootings) absolviert. Überregionale Tätigkeit. Mindestens erste Erfahrungen mit bezahlten Shootings für Werbe- oder sonstige kommerzielle Zwecke. Eine Modelsedcard existiert, gelegentlich auch ein Modelbook. Vertretung in der Regel durch eine Castingagentur. Einige Models haben auch eine eigene Website und vermarkten sich selbst (ohne Agentur).

Profimodel

Profimodels werden in der Regel in jungen Jahren von einer Modelagentur entdeckt, erhalten eine Ausbildung von der Agentur und ein professionelles Modelbook. Die Agentur baut ihre Karriere auf und managt die Models. Dafür stehen sie dieser Agentur exklusiv zur Verfügung. Modelagenturen dulden es vertraglich in der Regel nicht, wenn ihre Models nebenbei noch bei anderen Castingagenturen vertreten sind. Die Models arbeiten dann normalerweise zehn bis 15 Jahre als Profi. Erst später, wenn sie für Laufsteg, Beauty und Fashion zu alt werden, wechseln viele Profis von Model- zu Castingagenturen, da sie hier als People- bzw. Charakter-Darsteller eine zweite Karriere im Werbebereich starten können.

Da Profimodels ihre eigenen Gagen leicht durch Vorlage von Verträgen nachweisen können, beziehen sich die nachfolgenden Arbeitsgagen insbesondere auf Laienmodels und Semiprofis, wobei die Unterscheidung zwischen Laienmodel und semiprofessionellem Model in der Praxis natürlich nicht immer leicht zu treffen ist. Die Grenzen sind fließend.

> **Hinweis**
>
> Treffen in subjektiver und objektiver Sicht jeweils ein oder mehrere der genannten Merkmale zusammen, ist das Model als Laienmodel oder semiprofessionelles Model zu qualifizieren. Die Liste der Merkmale ist nicht abschließend.

Wenn die Entscheidung getroffen wurde, ist als Arbeitsgage pro Tag festzulegen:

- **Laienmodel:** 400 Euro
- **Semiprofessionelles Model:** 800 Euro
- **Profimodel:** ab 800 Euro, nach oben unbegrenzt

Auch bei der Höhe der Arbeitsgagen gibt es natürlich Unterschiede. So können auch »Newcomer« durchaus hohe Gagen erhalten, während die Gagen für »alte Hasen« nicht selten sinken. Außerdem gibt es Modeljobs, die zwar keine hohe Gage, dafür aber eine gute Image-Werbung versprechen (wie z.B. Coverfotos auf bestimmten Zeitschriften). Einheitlich werden hier 400 Euro bzw. 800 Euro zugrunde gelegt – der Mittelwert, den eine Umfrage unter deutschen Model- und Castingagenturen sowie unter Bookern ergeben hat. Abweichende Beträge kann ein Model z.B. mit einer Anzahl von Verträgen begründen, die im Schnitt höhere Tagesgagen aufweisen. Kann ein Model eigene Preise vorweisen, so kann es diese als Grundlage der Berechnung verwenden.

Unabhängig davon, ob ein Model im konkreten Fall nur einen halben Tag oder aber mehrere Tage lang für ein Fotoshooting arbeitet, wird für die Berechnung der Nutzungsentgelte (Buyout) immer nur die Gage eines vollen Arbeitstages zugrunde gelegt. Eine Ausnahme hiervon gibt es nur dann, wenn dies ausdrücklich vereinbart wurde oder wenn ein Kunde stets nur halbe Arbeitstage bucht. In diesen – selteneren – Fällen bezieht sich das Buyout auch nur auf das Honorar für einen halben Tag. Und auch dies gilt nur, wenn beim jeweiligen Shooting alle Models für halbe Tage gebucht wurden.

Die Prozentangaben für die Nutzungsentgelte (das Buyout) in der nachfolgenden Liste beziehen sich damit auf die genannten Arbeitsgagen.

Für die Berechnung kommen weitere wertbestimmende Faktoren hinzu, die im Einzelnen in der KöGa-Liste genannt werden – diese sind aber nicht abschließend. Es sind aber darüber hinaus immer auch die Besonderheiten im konkreten Einzelfall zu beachten, die die Höhe einer angemessenen Lizenz beeinflussen können. So kommt es bei einer ungenehmigten Verwendung eines Bildes immer auch auf die Intensität der Verletzung im konkreten Fall und die Auswirkungen auf den Verletzten an.

Beispiel 1:

Ein Fotomodel entdeckt ein Bildnis von sich auf der Versandhülle eines Wäscheversands. Die Fotografie ist offenbar von seiner eigenen Internetseite kopiert worden. Das Model ist schon lange als solches tätig und finanziert sich sein Studium mit Modeln. Bei der Aufnahme handelt es sich um ein hochprofessionelles Foto. Als Semiprofi kann sie daher eine Tagesgage von 800 Euro verlangen. Für Verpackungen, wozu Versandhüllen gehören (siehe dort) sind 100% bis 200% Buyout auf die Tagesgage zu zahlen, mithin 800 Euro bis 1.600 Euro. Da das Bild fast die Hälfte der Versandhülle in Anspruch nimmt und das Versandhaus bun-

Kapitel 3 — KöGa-Liste der Modelhonorare

desweite Bekanntheit genießt, ist der Betrag am oberen Ende anzusetzen. Dem Model stehen daher 2.400 Euro (800 Euro + 1.600 Euro) Honorar als Schadensersatz zu. Falls es sich um Unterwäsche handelt, könnte man noch einen Zuschlag wegen eines besonders problematischen Produktes hinzufügen, was im Rechenbeispiel nicht berücksichtigt wurde. Der in der KöGa-Liste verwendete Begriff »problematisch« stellt keine Wertung dar, sondern weist auf Produkte oder Inhalte hin, die Einfluss auf künftige Buchungen haben können.

Berechnung:

1. Arbeitsgage: 1 x 800,- Arbeitsgage	800,-
2. Zuschläge: keine	
3. Buyout: 200% der Arbeitsgage wegen Nutzung auf Verpackung, weite Verbreitung	1.600,-
Gesamt:	2.400,-

Beispiel 2:

Ein semiprofessionell arbeitendes weibliches Model wird für eine Werbung für Badezimmer-Möbel gebucht. Das Foto soll ein Jahr innerhalb Deutschlands für Anzeigen genutzt werden. Das Fotoshooting dauert zwei Tage. Es sollen vier Motive in Badezimmer-Locations fotografiert werden, davon ein Motiv in der Badewanne sitzend, Oberkörper nackt, Rückenansicht. Das Model ist dabei wiederzuerkennen, der Busen ist auf dem Foto verdeckt.

Die Gage errechnet sich wie folgt:

1. Arbeitsgage: 2 x 800,- Arbeitsgage für 2 Shootingtage	1.600,-
2. Zuschläge: 50% der Arbeitsgage wegen Halbakt während des Shootings	400,-
3. Buyout: 100% der Arbeitsgage wegen der Nutzung für Anzeigen, 1 Jahr Deutschland	800,-
Gesamt:	2.800,-

Anwendungshinweise 3.1

Beispiel 3:

Ein Laienmodel wird für Aufsteller einer Bäckereikette für einen Tag Fotoshooting gebucht. Es sollen 50 Aufsteller gedruckt werden, die in 20 Läden aufgestellt werden sollen. Keine Besonderheiten.

Die Gage errechnet sich wie folgt:

1. Arbeitsgage: 1 x 400,- für 1 Shootingtag als Laienmodel	400,-
2. Zuschläge: keine Zuschläge	
3. Buyout: 50% der Arbeitsgage: Bild in mittlerer Größe auf Aufstellern, keine weite Verbreitung: 1 x 200,-	200,-
Gesamt:	600,-

Häufig kommt es vor, dass ein Nutzer zwar einen Vertrag mit dem Model hat, das Bildnis aber über diesen Vertrag hinaus vertragswidrig nutzt. Die vertragswidrige Nutzung ist vorrangig nach dem bereits bestehenden Vertrag zu berechnen; die KöGa-Liste kann hier hinsichtlich der Prozentangaben genutzt werden. Die Arbeitsgage berechnet sich stets nach dem Vertrag.

Die nachfolgende Liste ist nach Nutzungsarten bzw. Medien aufgeteilt. Werden die Bilder auf verschiedene Arten genutzt, können die Prozente für die Lizenzen zusammengezählt werden. Es ist jedoch zu beachten, dass es in der Praxis üblich ist, dass der Kunde mehrere oder sogar alle Medien als Paket einkauft. Besonders bei der nicht klassischen Werbung (BTL – siehe unten) gibt es zwischen den Nutzungsarten Überschneidungen, so dass der Preis für die zuvor verhandelten Pakete meist weit unter der Summe aller Einzelbuyouts liegt.

Beispiele für typische Pakete sind z.B. :

1. 100% Buyout auf die Arbeitsgage für 1 Jahr alle Printmedien (Plakate, Anzeigen, VKF, POS) Deutschland + Internet
2. 200% Buyout auf die Arbeitsgage für 3 Jahre alle Printmedien (Plakate, Anzeigen, VKF, POS) Deutschland + Internet
3. 300% Buyout auf die Arbeitsgage für 5 Jahre alle Printmedien (Plakate, Anzeigen, VKF, POS) Deutschland + Internet

3.2 BUYOUT-ARTEN FÜR ERWACHSENE MODELS

Above The Line (ATL)/Klassische Werbung

Die klassische Werbung, auch »ATL« genannt, richtet sich an die Allgemeinheit. Sie wird in der Regel als Kampagne geschaltet und ist für jedermann leicht erkennbar. Das Ziel der ATL-Werbung ist es, durch häufiges Schalten und eine auffällige Gestaltung möglichst viele Menschen zu erreichen.

Dadurch ergibt sich ein hoher Wiedererkennungsgrad für das Model!

Fernsehwerbung

Bereich/Medien	Typische Erscheinungsformen	Buyout für 1 Jahr Deutschland jeweils auf die Arbeitsgage
Fernsehwerbung	TV-Spot (Film)	150%–350%
	Foto im TV-Spot	50%–150%

Anmerkung: Mittlerweile ist die Nutzung des Films im Internet häufig in dem Buyout für TV enthalten.

> **Hinweis**
>
> In der Praxis sind die Rechte für die Abbildung des Fotos in einem TV- oder Kino-Spot häufig schon mit dem Nutzungsrecht für »alle Medien« abgegolten. Daher empfiehlt es sich für die Abgebildeten, darauf zu achten, dass bei einem Fotoshooting TV- und Kino-Rechte schriftlich ausgeschlossen werden, z.B. »Alle Medien, exklusive TV und Kino«.

Wertbestimmende Faktoren zum Beispiel:

- Verbreitungsgebiet
- Bei besonders problematischen Inhalten (z.B. erotische, politische, religiöse und weltanschauliche Themen) oder besonders problematischen Produkten (z.B. Alkohol, Tabak, Pelze etc.) kann grundsätzlich die Obergrenze des Buyouts angesetzt werden.
- Aktzuschlag ist jeweils hinzuzurechnen:
  - Vollakt-Zuschlag: 100% der Arbeitsgage
  - Halbakt-Zuschlag: 50% der Arbeitsgage

Kinowerbung

Bereich /Medien	Typische Erscheinungsformen	Buyout für 1 Jahr Deutschland jeweils auf die Arbeitsgage
Kinowerbung	Kino-Spot	100%–200%
	Foto im Kinospot	50%–150%

Anmerkung: Mittlerweile ist die Nutzung des Filmes im Internet häufig in dem Buyout für TV enthalten.

Hinweis

In der Praxis sind die Rechte für die Abbildung des Fotos in einem TV- oder Kino-Spot häufig schon mit dem Nutzungsrecht für »alle Medien« abgegolten. Daher empfiehlt es sich für die Abgebildeten, darauf zu achten, dass bei einem Fotoshooting TV- und Kino-Rechte schriftlich ausgeschlossen werden, z.B. »Alle Medien, exklusive TV und Kino«.

Wertbestimmende Faktoren zum Beispiel:

- Art des Kinos (z.B. Programmkino)
- Verbreitungsgebiet (z.B. Lokalwerbung, überregionale Werbung)
- Bei besonders problematischen Inhalten (z.B. erotische, politische, religiöse und weltanschauliche Themen) oder besonders problemati-

schen Produkten (z.B. Alkohol, Tabak, Pelze etc.) kann grundsätzlich die Obergrenze des Buyouts angesetzt werden.

- Aktzuschlag ist jeweils hinzuzurechnen:
  - Vollakt-Zuschlag: 100% der Arbeitsgage
  - Halbakt-Zuschlag: 50% der Arbeitsgage

Außenwerbung/Out-Of-Home

Bereich/Medien	Typische Erscheinungsformen	Buyout für 1 Jahr Deutschland jeweils auf die Arbeitsgage
Außenwerbung/ Out-Of-Home	Plakate/ Poster z.B. - City-Light-Poster (CLP) = beleuchtete Poster - Litfaßsäule - Großflächen-Plakate (18/1) = 18 x DIN-A 1 - Super- und Megaposter = nicht genormte Sonderformate, größer als 18/1 - Blow-ups (Sonderformate z.B. an Fassaden, Baugerüsten etc.) - Verkehrsmittelwerbung z.B. Busse und Bahnen, Taxis, PKW	100%–200%
	Schaufensterdekoration für ein einzelnes Schaufenster	25 %

Wertbestimmende Faktoren zum Beispiel:

- Verbreitungsgebiet (z.B. Kleinstadt, Großstadt, regional, überregional)
- Besonders publikumsintensive Orte (z.B. am Hauptbahnhof, Flughafen)
- Bei besonders problematischen Inhalten (z.B. erotische, politische, religiöse und weltanschauliche Themen) oder besonders problemati-

schen Produkten (z.B. Alkohol, Tabak, Pelze etc.) kann grundsätzlich die Obergrenze des Buyouts angesetzt werden.

- Aktzuschlag ist jeweils hinzuzurechnen:
  - Vollakt-Zuschlag: 100% der Arbeitsgage
  - Halbakt-Zuschlag: 50% der Arbeitsgage

Printwerbung, Anzeigen in der Presse

Bereich/Medien	Typische Erscheinungsformen	Buyout für 1 Jahr Deutschland jeweils auf die Arbeitsgage
Printwerbung, Anzeigen in der Presse	Ganzseitige Anzeigen in: - Zeitungen und Zeitschriften - Supplements (Einleger in Zeitschriften und Zeitungen) - Fachzeitschriften, Anzeigenblätter (Bezugsgröße ist die Größe der Anzeige selbst)	100%
	Weniger als ganzseitige Anzeigen in: - Zeitungen und Zeitschriften - Supplements (Einleger in Zeitschriften und Zeitungen) - Fachzeitschriften, Anzeigenblätter (Bezugsgröße ist die Größe der Anzeige selbst)	50%–75%

Wertbestimmende Faktoren zum Beispiel:
- Verbreitungsgebiet (z.B. Lokalwerbung, überregionale Werbung)
- Bei besonders problematischen Inhalten (z.B. erotische, politische, religiöse und weltanschauliche Themen) oder besonders problematischen Produkten (z.B. Alkohol, Tabak, Pelze etc.) kann grundsätzlich die Obergrenze des Buyouts angesetzt werden.

- Darstellung im Bild (ganzseitiges gut erkennbares Bildnis, Anzahl der Abgebildeten: Je kleiner der Anteil des Bildnisses an der Gesamtanzeige ist, desto geringer fällt das Buyout aus.)
- Auflagenhöhe
- Aktzuschlag ist jeweils hinzuzurechnen:
  - Vollakt-Zuschlag: 100% der Arbeitsgage
  - Halbakt-Zuschlag: 50% der Arbeitsgage

Onlinewerbung, Internet

Bereich/ Medien	Typische Erscheinungsformen	Buyout für 1 Jahr Deutschland jeweils auf die Arbeitsgage
Onlinewerbung, Internet	- Pop-up-Fenster - Banner (Anzeigen) - Flash-Werbefilme - Viral-Spots (Internetspots, die zwar von der werbenden Firma produziert und ins Netz eingespeist werden, aber allein durch die User selber per E-Mail/Link verbreitet werden wie ein Virus, daher der Name)	75%–150%

Wertbestimmende Faktoren zum Beispiel:

- Verbreitungsgebiet (z.B. Internetangebot richtet sich an einen regionalen/überregionalen Empfängerkreis)
- Bei besonders problematischen Inhalten (z.B. erotische, politische, religiöse und weltanschauliche Themen) oder besonders problematischen Produkten (z.B. Alkohol, Tabak, Pelze etc.) kann grundsätzlich die Obergrenze des Buyouts angesetzt werden.
- Darstellung im Bild (ganzseitiges gut erkennbares Bildnis, Anzahl der Abgebildeten: Je kleiner der Anteil des Bildnisses an der Gesamtanzeige ist, desto geringer fällt das Buyout aus.)

- Aktzuschlag ist jeweils hinzuzurechnen:
  - Vollakt-Zuschlag: 100% der Arbeitsgage
  - Halbakt-Zuschlag: 50% der Arbeitsgage

Below The Line (BTL)/Nichtklassische Werbung

Diese Werbung richtet sich an klar definierte Zielgruppen. Sie ist überwiegend für die gezielt Beworbenen sichtbar. Oftmals ist die Werbung personalisiert, das heißt, der potenzielle Kunde wird namentlich angesprochen.

BTL-Werbung spricht die Konsumenten sehr viel differenzierter an als klassische Werbung.

Daher ist die öffentliche Wiedererkennung für das Model etwas geringer.

Werden die Nutzungsrechte vorher verhandelt, wird sich bei BTL-Werbung häufig auf eine Pauschalgage geeinigt, die die BTL-Nutzung, also das Buyout schon beinhaltet.

Verpackungen

Bereich/Medien	Typische Erscheinungsformen	Buyout für 1 Jahr Deutschland jeweils auf die Arbeitsgage
Verpackungen	Produktverpackungen, Etiketten, Versandhüllen	100%–200%

Wertbestimmende Faktoren zum Beispiel:
- Verbreitungsgebiet (z.B. Lokalwerbung, überregionale Werbung)
- Bei besonders problematischen Inhalten (z.B. erotische, politische, religiöse und weltanschauliche Themen) oder besonders problematischen Produkten (z.B. Alkohol, Tabak, Pelze etc.) kann grundsätzlich die Obergrenze des Buyouts angesetzt werden.

Kapitel 3 — KöGa-Liste der Modelhonorare

- Bildnisgröße auf der Verpackung
- Auflagenhöhe
- Aktzuschlag ist jeweils hinzuzurechnen:
  - Vollakt-Zuschlag: 100% der Arbeitsgage
  - Halbakt-Zuschlag: 50% der Arbeitsgage

Achtung

Da häufig nicht genau planbar ist, wann eine Verpackung etc. tatsächlich abverkauft ist, werden diesbezügliche Nutzungsrechte meist ohne zeitliche Begrenzung eingeräumt.

Bücher, Cover, Bildbände

Bereich/Medien	Typische Erscheinungsformen	Buyout für eine Auflage jeweils auf die Arbeitsgage
Bücher, Cover, Bildbände (Ausstellungskatalog), Taschenbücher	Sachbücher, Special-Interest-Publikationen, z.B. Sport-, Kochbücher etc.	75%–150%
Bücher, Cover, Taschenbücher	Romane, Belletristik	100%–200%

Wertbestimmende Faktoren zum Beispiel:

- Bei besonders problematischen Inhalten (z.B. erotische, politische, religiöse und weltanschauliche Themen) oder besonders problematischen Produkten (z.B. Alkohol, Tabak, Pelze etc.) kann grundsätzlich die Obergrenze des Buyouts angesetzt werden.
- Bildnisgröße auf dem Titel
- Besondere Darstellung (z.B. besonders hervorgehoben, einzeln oder in der Gruppe)
- Cover oder Innenteil
- Gegebenenfalls Zuschlag bei Bestsellern
- Auflagenhöhe

- Aktzuschlag ist jeweils hinzuzurechnen:
    - Vollakt-Zuschlag: 100% der Arbeitsgage
    - Halbakt-Zuschlag: 50% der Arbeitsgage

Point Of Sale (POS)

Bereich/Medien	Typische Erscheinungsformen	Buyout für 1 Jahr Deutschland jeweils auf die Arbeitsgage
Point Of Sale (POS)	Aufsteller, Dekorationen und Poster im Geschäft, Werbeaktionen und Gewinnspiele im Laden	25%–100%

Wertbestimmende Faktoren zum Beispiel:
- Bei besonders problematischen Inhalten (z.B. erotische, politische, religiöse und weltanschauliche Themen) oder besonders problematischen Produkten (z.B. Alkohol, Tabak, Pelze etc.) kann grundsätzlich die Obergrenze des Buyouts angesetzt werden.
- Bildnisgröße
- Auflagenhöhe/Anzahl der Ladengeschäfte
- Aktzuschlag ist jeweils hinzuzurechnen:
    - Vollakt-Zuschlag: 100% der Arbeitsgage
    - Halbakt-Zuschlag: 50% der Arbeitsgage

Verkaufsförderung)/Sales Promotion

Bereich/Medien	Typische Erscheinungsformen	Buyout für 1 Jahr Deutschland jeweils auf die Arbeitsgage
Verkaufsförderung (VKF)/Sales Promotion	Diverse Printerzeugnisse (Flyer, Broschüren, Kataloge, Kundenmagazine, Aufkleber, Einladungen, Postkarten etc.)	50%

Kapitel 3 — KöGa-Liste der Modelhonorare

Wertbestimmende Faktoren zum Beispiel:

- Bei besonders problematischen Inhalten (z.B. erotische, politische, religiöse und weltanschauliche Themen) oder besonders problematischen Produkten (z.B. Alkohol, Tabak, Pelze etc.) kann grundsätzlich die Obergrenze des Buyouts angesetzt werden.
- Besondere Darstellung (z.b. besonders hervorgehoben, einzeln oder in der Gruppe)
- Bildnisgröße (Anteil des Bildnisses zum Gesamtobjekt, Bild im Bild)
- Außerordentliche Veränderung des Erscheinungsbildes
- Auflagenhöhe
- Aktzuschlag ist jeweils hinzuzurechnen:
  - Vollakt-Zuschlag: 100% der Arbeitsgage
  - Halbakt-Zuschlag: 50% der Arbeitsgage

Messen, Events, Ausstellungen, Konzerte

Bereich/ Medien	Typische Erscheinungsformen	Buyout für 1 Jahr Deutschland jeweils auf die Arbeitsgage
Messen, Events, Ausstellungen, Konzerte	Messeposter, Aufsteller, Flyer, Broschüren, Anzeigetafel bei Sportevents, Banner, Bandenwerbung, Sponsoring etc.	50%

Wertbestimmende Faktoren zum Beispiel:

- Bei besonders problematischen Inhalten (z.B. erotische, politische, religiöse und weltanschauliche Themen) oder besonders problematischen Produkten (z.B. Alkohol, Tabak, Pelze etc.) kann grundsätzlich die Obergrenze des Buyouts angesetzt werden.
- Besondere Darstellung (z.B. besonders hervorgehoben, einzeln oder in der Gruppe)
- Bildnisgröße (Anteil des Bildnisses zum Gesamtobjekt, Bild im Bild)
- Außerordentliche Veränderung des Erscheinungsbildes

- Aktzuschlag ist jeweils hinzuzurechnen:
    - Vollakt-Zuschlag: 100% der Arbeitsgage
    - Halbakt-Zuschlag: 50% der Arbeitsgage

Public Relations/Öffentlichkeitsarbeit

Bereich/ Medien	Typische Erscheinungsformen	Buyout für 1 Jahr Deutschland jeweils auf die Arbeitsgage
Public Relations (PR)/Öffentlichkeitsarbeit	Geschäftsberichte, Umweltberichte, diverse Berichte	50 %
	Pressematerial, Pressemappe, Presseserver zum Download etc.	100%

Wertbestimmende Faktoren zum Beispiel:

- Bei besonders problematischen Inhalten (z.B. erotische, politische, religiöse und weltanschauliche Themen) oder besonders problematischen Produkten (z.B. Alkohol, Tabak, Pelze etc.) kann grundsätzlich die Obergrenze des Buyouts angesetzt werden.
- Besondere Darstellung (z.B. besonders hervorgehoben, einzeln oder in der Gruppe)
- Bildnisgröße (Anteil des Bildnisses zum Gesamtobjekt, Bild im Bild)
- Außerordentliche Veränderung des Erscheinungsbildes
- Auflagenhöhe
- Aktzuschlag ist jeweils hinzuzurechnen:
    - Vollakt-Zuschlag: 100% der Arbeitsgage
    - Halbakt-Zuschlag: 50% der Arbeitsgage

Da die Nutzung von Pressebildern durch Dritte nach ihrer Freigabe als solche kaum noch kontrolliert werden kann, ist eine zeitliche Begrenzung fast nicht möglich. Um späteren Ärger zu vermeiden, ist es sinnvoller, auf eine zeitliche Begrenzung zu verzichten und dafür das Buyout entsprechend höher zu verhandeln.

Interne Nutzung

Bereich/ Medien	Typische Erscheinungsformen	Buyout für 1 Jahr Deutschland jeweils auf die Arbeitsgage
Interne Nutzung	Mitarbeiter-Magazin, Intranet, diverse interne Publikationen	50%

Wertbestimmende Faktoren zum Beispiel:
- Bei besonders problematischen Inhalten (z.B. erotische, politische, religiöse und weltanschauliche Themen) oder besonders problematischen Produkten (z.B. Alkohol, Tabak, Pelze etc.) kann grundsätzlich die Obergrenze des Buyouts angesetzt werden.
- Besondere Darstellung (z.B. besonders hervorgehoben, einzeln oder in der Gruppe)
- Bildnisgröße (Anteil des Bildnisses zum Gesamtobjekt, Bild im Bild)
- Außerordentliche Veränderung des Erscheinungsbildes
- Aktzuschlag ist jeweils hinzuzurechnen:
  - Vollakt-Zuschlag: 100% der Arbeitsgage
  - Halbakt-Zuschlag: 50% der Arbeitsgage

Da es sich um eine sehr eingeschränkte Nutzung handelt, bei der der Wiedererkennungsgrad des Models sehr niedrig ist, ist es nicht unüblich, dass auf ein Buyout verzichtet wird bzw. dieses in der Tagesgage enthalten ist. Wenn es sich jedoch um sehr große bzw. weit verbreitete Firmen handelt, spricht dies für die Berechnung eines Buyouts.

Online/Internet

Bereich/Medien	Typische Erscheinungsformen	Buyout für 1 Jahr Deutschland jeweils auf die Arbeitsgage
Online/Internet	Eigene Website des Kunden, Download von PDF-Broschüren etc. (begrenzte Wiedererkennung, da auf bestimmte Web-Adresse begrenzt)	50%
	Online-Banner (hohe Wiedererkennung, da weite Verbreitung im Netz)	100%

Wertbestimmende Faktoren zum Beispiel:
- Bei besonders problematischen Inhalten (z.B. erotische, politische, religiöse und weltanschauliche Themen) oder besonders problematischen Produkten (z.B. Alkohol, Tabak, Pelze etc.) kann grundsätzlich die Obergrenze des Buyouts angesetzt werden.
- Besondere Darstellung (z.B. besonders hervorgehoben, einzeln oder in der Gruppe)
- Bildnisgröße (Anteil des Bildnisses zum Gesamtobjekt, Bild im Bild)
- Außerordentliche Veränderung des Erscheinungsbildes
- Aktzuschlag ist jeweils hinzuzurechnen:
  - Vollakt-Zuschlag: 100% der Arbeitsgage
  - Halbakt-Zuschlag: 50% der Arbeitsgage

Bei einer auf die eigene Website des Kunden begrenzten Nutzung ist es nicht unüblich, dass das Buyout in der Tagesgage enthalten ist bzw. kein Extra-Buyout gezahlt wird. Handelt es sich aber um eine stark frequentierte Website bzw. einen bekannten Kunden, spricht dies für die Berechnung eines Buyouts.

Mobile Marketing

Bereich	Medien	Typische Erscheinungsformen	Buyout für 1 Jahr Deutschland jeweils auf die Arbeitsgage
Mobile Marketing	Handy, Smartphone, iPad	Digitale Werbung auf mobilen Endgeräten	25%–50%

Wertbestimmende Faktoren zum Beispiel:
- Bei besonders problematischen Inhalten (z.B. erotische, politische, religiöse und weltanschauliche Themen) oder besonders problematischen Produkten (z.B. Alkohol, Tabak, Pelze etc.) kann grundsätzlich die Obergrenze des Buyouts angesetzt werden.
- Besondere Darstellung (z.B. besonders hervorgehoben, einzeln oder in der Gruppe)
- Bildnisgröße (Anteil des Bildnisses zum Gesamtobjekt, Bild im Bild)
- Außerordentliche Veränderung des Erscheinungsbildes
- Aktzuschlag ist jeweils hinzuzurechnen:
    - Vollakt-Zuschlag: 100% der Arbeitsgage
    - Halbakt-Zuschlag: 50% der Arbeitsgage

Redaktionelle Nutzung

Die Nutzung von Bildnissen im redaktionellen Bereich unterscheidet sich bei der Berechnung der Honorare wesentlich von der werblichen Nutzung.

Im redaktionellen Bereich ist es üblich, dass alle dieselbe Gage bekommen, egal ob blutiger Laie oder gestandener Profi. Die Arbeits- bzw. Tagesgagen sind in der Regel geringer als vergleichbare Gagen in anderen Bereichen (halber Tag 200 Euro bis 250 Euro, ganzer Tag 410 Euro bis 500 Euro). In diesen Gagen sind grundsätzlich auch die Buyouts enthalten, so dass es sich um Pauschalgagen handelt. Viele Zeitschriften haben feste Tages- und Halbtagessätze. Verhandlungen sind praktisch ausgeschlossen! Einige Verlage lassen sich in ihren Modelverträgen dazu sämtliche Nutzungsrechte, zeitlich, örtlich und inhaltlich unbeschränkt vom Model einräumen.

Mittlerweile akzeptieren viele Profimodelagenturen allerdings von Redaktionen keine Halbtagesbuchungen mehr, das heißt, sie bieten ihre Models nur noch zu Tagesgagen an, damit sich die Buchung überhaupt lohnt.

Wird der Abgebildete nicht extra als Model engagiert, sondern eher zufällig oder ohne sein Wissen »unterwegs« z.B. anlässlich einer aktuellen Berichterstattung geknipst, so hat er nicht mal Anspruch auf eine Arbeitsgage. Anlässlich einer aktuellen Berichterstattung über ein Ereignis der Zeitgeschichte darf ein Bildnis per Gesetz nämlich auch ohne Einwilligung und ohne dass hierfür etwas bezahlt wird, genutzt werden. Weitere einwilligungsfreie Nutzungen sind in Kapitel 2 beschrieben.

Steht das Model allerdings für eine redaktionelle Nutzung extra Modell, fällt natürlich eine Arbeits- bzw. Tagesgage an. Und wird im Anschluss das Bild ohne ausreichende Einwilligung genutzt, kann auch zusätzlich ein Buyout verlangt werden.

Wird ein Bildnis in einer Zeitung genutzt, ohne dass der Abgebildete hierzu seine Einwilligung erteilt hat, sollte man jedoch im Zweifel immer von einem Fachmann prüfen lassen, ob es sich um eine einwilligungsfreie Nutzung handelt oder ob Schadensersatzansprüche begründet sind. Manchmal versteckt sich hinter einem redaktionell getarnten Artikel nämlich in Wahrheit eine Werbung. Dann muss auch ein Buyout und/oder eine höhere Arbeitsgage gezahlt werden.

Mehr zu diesem Thema steht in Kapitel 2.

Bereich/Medien	Typische Erscheinungsformen	Buyout für einmalige redaktionelle Nutzung + Bewerbung der Ausgabe
Redaktionell/Editorial Publikumspresse, Fachpresse	Bebilderung redaktioneller Beiträge in Zeitungen, Zeitschriften, Magazinen	In Gage enthalten (= pauschale Gage) Tagesgage: 410 Euro bis 500 Euro Halbtagesgage: 200 Euro bis 250 Euro

Kapitel 3 — KöGa-Liste der Modelhonorare

Wertbestimmende Faktoren zum Beispiel:

- Bei besonders problematischen Inhalten (z.B. erotische, politische, religiöse und weltanschauliche Themen) oder besonders problematischen Produkten (z.B. Alkohol, Tabak, Pelze etc.) kann grundsätzlich die Obergrenze des Buyouts angesetzt werden.
- Besondere Darstellung (z.B. besonders hervorgehoben, einzeln oder in der Gruppe)
- Bildnisgröße (Anteil des Bildnisses zum Gesamtobjekt, Bild im Bild)
- Außerordentliche Veränderung des Erscheinungsbildes
- Aktzuschlag ist jeweils hinzuzurechnen:
    - Vollakt-Zuschlag: 100% der Arbeitsgage
    - Halbakt-Zuschlag: 50% der Arbeitsgage

Bildagenturen

Bereich/Medien	Typische Erscheinungsformen	Buyout aller Medien, zeitlich, räumlich und sachlich uneingeschränkt
Bildagenturen/ Fotoagenturen/ Stockfotos-Universalagenturen, Pressebildagenturen, Spezialbildagenturen	Bildarchive, Kataloge (Online), Stockmaterial, Pressematerial	Pauschale Gage = Buyout in Gage enthalten Tagesgage: 800 Euro bis 1.200 Euro Halbtagesgage: 400 Euro bis 600 Euro

Wertbestimmende Faktoren zum Beispiel:

- Bei besonders problematischen Inhalten (z.B. erotische, politische, religiöse und weltanschauliche Themen) oder besonders problematischen Produkten (z.B. Alkohol, Tabak, Pelze etc.) kann grundsätzlich die Obergrenze des Buyouts angesetzt werden.
- Besondere Darstellung (z.B. besonders hervorgehoben, einzeln oder in der Gruppe)
- Bildnisgröße (Anteil des Bildnisses zum Gesamtobjekt, Bild im Bild)

- Außerordentliche Veränderung des Erscheinungsbildes
- Aktzuschlag ist jeweils hinzuzurechnen:
  - Vollakt-Zuschlag: 100% der Arbeitsgage
  - Halbakt-Zuschlag: 50% der Arbeitsgage

> **Hinweis**
> Bei der Rechtefreigabe gegenüber Bildagenturen ist zu beachten, dass keine Einflussmöglichkeit in künftige Nutzungen besteht. Das Model hat damit keine Möglichkeit, in die einzelnen Verwendungen Einfluss zu nehmen.

Wird ein Bildnis durch eine Bildagentur unberechtigt genutzt, bedeutet dies nicht, dass die Kunden der Bildagentur keine Lizenzen für die Nutzung des Bildnisses mehr zu zahlen hätten.

Eigenwerbung

Der Fotograf betreibt Eigenwerbung mit den Fotos.

Ein entgeltliches Modeling ist in diesem Fall von einer grundsätzlich unentgeltlichen TFP-Vereinbarung (Time for Print) zu unterscheiden. Bei einer TFP-Vereinbarung vereinbaren der Fotograf und das Model, dass beide unentgeltlich arbeiten, weil z.B. einerseits das Model sein Posing trainieren und verbessern oder einfach nur schöne Fotoabzüge von sich haben möchte und andererseits der Fotograf bestimmte Belichtungen testen oder ein neues Objektiv ausprobieren möchte. Wenn allerdings die – unter Umständen ja sehr guten – Fotografien durch beide zur Eigenwerbung genutzt werden sollen, muss dies ausdrücklich vereinbart werden. Dies kann gegen Entgelt oder auch unentgeltlich geschehen. Zu Eigenwerbezwecken bedeutet eine Nutzung zur Selbstdarstellung im eigenen Modelbook des Models oder auf der Sedcard bzw. im Portfolio des Fotografen, auf einer Internetseite oder in einem der bekannten Internetforen. Nicht enthalten ist eine weitergehende Nutzung, z.B. durch Lizenzierung oder durch Verkauf der Fotos. Die nachfolgenden Angaben beziehen sich auf den Fall, dass keine unentgeltliche Nutzung der Fotografien zur Eigenwerbung durch den Fotografen vereinbart wurde.

Kapitel 3 — KöGa-Liste der Modelhonorare

Bereich/Medien	Typische Erscheinungsformen	Buyout ausschließlich für Eigenwerbung
Eigenwerbung im Internet, Portfolio, Fotobücher, Ausstellungen	Eigene Website, Fotografenforen, Postkarten, Aussendungen, Newsletter, Fotosalon etc.	Tagesgage inkl. Buyout: 500 Euro bis 800 Euro Halbtagesgage: 200 Euro bis 400 Euro
Wettbewerbe für (TV- und) Print-Kampagnen, oft in Kooperation mit Werbeagenturen!	(TV-Spot) Anzeige, Plakat	Buyout für bis zu drei Schaltungen in folgender Tagesgage enthalten: 500 Euro bis 800 Euro Halbtagesgage: 250 Euro bis 400 Euro

Wertbestimmende Faktoren zum Beispiel:

- Bei besonders problematischen Inhalten (z.B. erotische, politische, religiöse und weltanschauliche Themen) oder besonders problematischen Produkten (z.B. Alkohol, Tabak, Pelze etc.) kann grundsätzlich die Obergrenze des Buyouts angesetzt werden.
- Besondere Darstellung (z.B. besonders hervorgehoben, einzeln oder in der Gruppe)
- Bildnisgröße (Anteil des Bildnisses zum Gesamtobjekt, Bild im Bild)
- Außerordentliche Veränderung des Erscheinungsbildes
- Aktzuschlag ist jeweils hinzuzurechnen:
  - Vollakt-Zuschlag: 100% der Arbeitsgage
  - Halbakt-Zuschlag: 50% der Arbeitsgage

Abbildungen ohne Wiedererkennung der Person

Wertbestimmende Faktoren zum Beispiel:

- Bei besonders problematischen Inhalten (z.B. erotische, politische, religiöse und weltanschauliche Themen) oder besonders problematischen Produkten (z.B. Alkohol, Tabak, Pelze etc.) kann grundsätzlich die Obergrenze des Buyouts angesetzt werden.

- Besondere Darstellung (z.B. besonders hervorgehoben, einzeln oder in der Gruppe)
- Bildnisgröße (Anteil des Bildnisses zum Gesamtobjekt, Bild im Bild)
- Außerordentliche Veränderung des Erscheinungsbildes
- Aktzuschlag ist jeweils hinzuzurechnen:
  - Vollakt-Zuschlag: 100% der Arbeitsgage
  - Halbakt-Zuschlag: 50% der Arbeitsgage

Zur Nutzung ohne Einwilligung des Models lesen Sie bitte Kapitel 2.

Bereich	Medien	Typische Erscheinungsformen	Buyout alle Medien, zeitlich und räumlich uneingeschränkt
Körperaufnahmen Körperteile, ohne Erkennbarkeit des Gesichtes	Alle Medien	Für diverse Veröffentlichungsarten. Tätigkeit als Handmodel, Fußmodel, Brustmodel, Pomodel etc.	Buyout ist grundsätzlich in Tagesgage enthalten, da keine Wiedererkennung des Models besteht. Tagesgage dann: 600 Euro bis 800 Euro Halbtagesgage: 300 Euro bis 500 Euro

Statisten

Bereich	Medien	Typische Erscheinungsformen	Buyout alle Medien, zeitlich und räumlich uneingeschränkt
Statisten/ Komparsen	Alle Medien	Für diverse Veröffentlichungsarten. Unscharf im Hintergrund, nicht wesentlicher Bestandteil des Bildes, keine tragende Rolle in einer Szene.	Buyout in Gage enthalten, da grundsätzlich keine Wiedererkennung Tagesgage: 80 Euro bis 160 Euro

Kapitel 3 — KöGa-Liste der Modelhonorare

Wertbestimmende Faktoren zum Beispiel:

- Bei besonders problematischen Inhalten (z.B. erotische, politische, religiöse und weltanschauliche Themen) oder besonders problematischen Produkten (z.B. Alkohol, Tabak, Pelze etc.) kann grundsätzlich die Obergrenze des Buyouts angesetzt werden.
- Besondere Darstellung (z.B. besonders hervorgehoben, einzeln oder in der Gruppe)
- Bildnisgröße (Anteil des Bildnisses zum Gesamtobjekt, Bild im Bild)
- Außerordentliche Veränderung des Erscheinungsbildes
- Aktzuschlag ist jeweils hinzuzurechnen:
  - Vollakt-Zuschlag: 100% der Arbeitsgage
  - Halbakt-Zuschlag: 50% der Arbeitsgage

Aktaufnahmen

Bereich	Medien	Typische Erscheinungsformen	Aktzuschlag 100% und Halbakt-Zuschlag 50% auf die Tagesgage * Buyout je nach Medium
Aktmodel Nacktaufnahmen, mit oder ohne Erkennbarkeit der Intimzonen	Alle Medien	Kalender, redaktionelle Beiträge, Titelbilder, Stockfotos etc.	Gagen sehr unterschiedlich, stark von der geplanten Nutzung abhängig

* Aktzuschlag wird immer berechnet, wenn das Model beim Shooting/Dreh nackt ist, unabhängig von der Erkennbarkeit der Intimzonen.

3.3 BUYOUT-ARTEN FÜR KINDERMODELS

Allgemein

Kinder bekommen weniger Gage und meistens auch weniger Buyout als die erwachsenen Models.

Bei manchen Kunden gibt es **feste Gagen für Kinder**. So wird z.B. eine Gage von pauschal 150 Euro bis 300 Euro für bis zu drei Stunden Arbeit gezahlt. Auch die Bezahlung pro fotografiertem Outfit bzw. Motiv von ca. 50 Euro bis 100 Euro ist üblich.

Wichtig ist, dass die Kinder- und Jugendschutzbestimmungen eingehalten werden. Insbesondere die Arbeitszeiten sind zu beachten. Außerdem müssen vor dem Shooting besondere Atteste und Bescheinigungen vorgelegt werden. Mehr darüber im Abschnitt 1.4 in Kapitel 1.

Gagen für Haupt-, Backup- und Standby-Kinder

Kinder können schnell mal die Lust an einem Shooting verlieren oder durch Krankheit ausfallen. Zur Sicherheit werden darum meist mehrere Kinder für eine Rolle gebucht. Üblicherweise wird zwischen drei Arten von Gagen unterschieden:

Kind	Definition	Gage	Buyout
Hauptkind	Kind wird am Set fotografiert/gefilmt.	Volle Gage	Kind erhält volles Buyout, falls Buyout extra vergütet wird.

Kind	Definition	Gage	Buyout
Backup-Kind	Kind ist am Set und springt ein, wenn das Hauptkind ausfällt.	Halbe Gage für Backup, volle Gage, wenn es zum Einsatz kommt.	Kind erhält volles Buyout, falls Buyout extra vergütet wird.
Standby-Kind	Kind wartet zu Hause auf seinen Einsatz, falls das Hauptkind ausfallen sollte.	Standby-Gage von ca. 100 Euro Volle Gage, wenn es zum Einsatz kommt.	Kind erhält volles Buyout, falls Buyout extra vergütet wird.

Wertbestimmende Faktoren zum Beispiel:

- Bei besonders problematischen Inhalten oder Produkten kann grundsätzlich die Obergrenze des Buyouts angesetzt werden.
- Besondere Darstellung (z.B. besonders hervorgehoben, einzeln oder in der Gruppe)
- Bildnisgröße (Anteil des Bildnisses zum Gesamtobjekt, Bild im Bild)
- Außerordentliche Veränderung des Erscheinungsbildes

Kapitel 4

Vertragsmuster

Kapitel 4 Vertragsmuster

Die nachfolgenden Vertragsmuster dienen der Orientierung über typische Klauseln. In der Praxis weichen alle Verträge in den Punkten voneinander ab, die den Vertragsparteien besonders wichtig sind. Die Verträge können übernommen werden; eine rechtlich fundierte Beratung ersetzen sie nicht. Gezeigt werden

- das Muster eines klassischen Modelvertrags zwischen Model und Fotograf
- eine einfache Formulierung für die Rechteeinräumung zwischen Model und Nutzer
- Darstellervertrag
- Casting-Agenturvertrag

Muster eines Model-Release-Vertrags

zwischen

Fotograf / Firma_____
ggf. vertreten durch _____ *(z.B. den Geschäftsführer...)*
Adresse_____

– nachstehend Fotograf genannt –

und

Name, Vorname_____, _____

Geburtsdatum /
Geburtsort_____, _____

Anschrift / Straße, Nr. PLZ, Ort
_____, _____

Staatsangehörigkeit _____ Tel. ____ _____

E-Mail _____

– nachstehend Model genannt –

Vertragsmuster

(Diese Daten sind wichtig, um später Kontakt aufzunehmen, wenn es Fragen oder Probleme gibt.)

1. Das Model steht dem Fotografen am _____ für Fashion- und Porträtaufnahmen zur Verfügung.

(Die Bestimmung der Art der Aufnahmen sorgt dafür, dass nicht während des Shootings Unklarheiten entstehen. Mit der Bestimmung sind auch die späteren Einsatzbereiche der Fotografien vorgegeben. Falls besondere Aufnahmen geplant sind (z.B. Aufnahmen unter besonders gefährlichen Umständen, Aktaufnahmen ...), sollte das hier vermerkt werden.)

2. Das Model überträgt sämtliche Rechte für die Nutzung und Veröffentlichung der von ihm angefertigten Aufnahmen auf den Fotografen. Der Fotograf kann das Bildmaterial ohne jede zeitliche oder örtliche Einschränkung in unveränderter oder veränderter Form ungeachtet der Übertragungs-, Träger- und Speichertechniken für Werbezwecke verwenden. Durch die Bearbeitung darf die unter 1. vereinbarte Art der Aufnahmen nicht verändert werden.

(Diese Bestimmung ist der Kern. Der Fotograf möchte die Fotos nutzen können, dafür bezahlt er ja auch. Die Nutzung ist hier weder zeitlich noch örtlich eingeschränkt, also für immer möglich. Stattdessen kann auch eine zeitliche oder örtliche Einschränkung vereinbart werden. Damit der Fotograf die Bilder bearbeiten kann, ist gesondert geregelt, dass die Veränderung im Rahmen des vereinbarten Zwecks erlaubt ist.)

3. Die Nennung des echten Vor- und Zunamens des Models ist ausgeschlossen, soweit dies für die Verwendung der Fotografien entbehrlich ist. Stattdessen soll der Fotograf den Namen _____ verwenden, ist hierzu jedoch nicht verpflichtet. Eine Nennung des Vornamens in Zusammenhang mit der Darstellung des Materials ist gestattet.

(Im Aktbereich möchten die meisten Models nicht, dass auch noch der echte Name genannt wird. In anderen Bereichen, z.B. bei Werbefotos, ist die Nennung des Namens ohnehin nicht üblich.)

Kapitel 4 Vertragsmuster

4. Reise- und Übernachtungskosten werden nach Absprache unter Vorlage geeigneter Belege erstattet. Bei Nutzung eines PKW werden € 0,30 pro km erstattet.

(Da das Model selbständig ist, müssen gesonderte Regelungen für Reise- und ggf. Übernachtungskosten getroffen werden. Es ist sinnvoll, ggf. zu vereinbaren, bis zu welcher Höhe die Kosten vom Fotografen übernommen werden, z.B. ob erste oder zweite Klasse Bahn, Auto oder Flugzeug gereist werden darf.)

5. Das Model erhält innerhalb von 14 Tagen nach dem Shooting mindestens fünf ggf. bearbeitete Fotografien, die es selbst verwenden darf. Hiervon ausdrücklich umfasst ist die Verwendung auf einer eigenen Homepage im Internet oder sonst im Internet wie z.B. auf Modelseiten. Das Model darf die Aufnahmen auch ausgedruckt in ein *Modelbook* aufnehmen. Der Name des Fotografen ist auf dem Foto zu vermerken, auch bei Online-Nutzung. Eine entgeltliche Lizenzierung ist nicht gestattet.

(Der Fotograf gibt dem Model so die Möglichkeit, mit den Bildern für sich selbst zu werben. Ausgeschlossen werden soll, dass das Model die Bilder gegen Entgelt Dritten zur Verfügung stellt.)

6. Das Honorar beträgt € _____; die voraussichtliche Dauer des Shootings ca. _____Stunden.

(Hier wird das Wichtigste geregelt: Die Höhe des Honorars. Ist die voraussichtliche Dauer angegeben, kann eine erheblich längere Dauer Anlass zu einer Nachverhandlung hinsichtlich der Höhe geben. Sofern schon vorher mit einer längeren Dauer gerechnet wird, ist es empfehlenswert, die Vergütung der Überstunden bereits mit aufzunehmen.)

7. Im Übrigen wurde Folgendes vereinbart:

_____

_____

_____

_____

(In einem häufig verwendeten Vertragsmuster sollte Platz gelassen werden für individuelle Regelungen, die evtl. erst während des Shootings getroffen werden. Wichtig ist, dass diese in beiden Vertragsexemplaren aufgenommen werden.)

8. Mündliche Nebenabreden sind nicht getroffen. Vertragsänderungen und -ergänzungen bedürfen der Schriftform. Das Model bestätigt, zum Zeitpunkt der Anfertigung des Bildmaterials 18 Jahre oder älter gewesen zu sein. Das Model sichert Stillschweigen über die Vertragsinterna zu.

(Wichtig ist, dass alles nur schriftlich geregelt wird. Schon oft hat es Streit z.B. über den Umfang der erlaubten Bildnisverwendung gegeben. Die eine oder andere Seite behauptet dann, dass dies oder jenes durch Zeugen belegt werden kann (Visagist o.Ä.). Dem wird hier ein Riegel vorgeschoben.)

Ort, Datum:_____Ort, Datum:_____

_____

Unterschrift Agentur   Unterschrift Model

Sofern das Model noch nicht volljährig ist, Unterschrift der gesetzlichen Vertreter/Eltern:

_____

**Betrag und Vertragsexemplar erhalten
(Ziff. 7 des Vertrages):**

_____

(Der Einfachheit halber kann direkt auf dem Vertragstext der Erhalt des Honorars geregelt werden, dann wird keine weitere Quittung benötigt.)

Kapitel 4 Vertragsmuster

Muster einer kurzen Verzichterklärung

zwischen

Fotograf / Firma_____

ggf. vertreten durch _____ *(z.B. den Geschäftsführer ...)*

Adresse_____

– **nachstehend Fotograf genannt** –

und

Name, Vorname_____, _____

Geburtsdatum   /   Geburtsort_____, _____

Anschrift / Straße, Nr. PLZ, Ort _____, _____

Staatsangehörigkeit _____ Tel. ___ _____

E-Mail _____

– **nachstehend Model genannt** –

Job: _____

Aufnahmedatum:_____

vereinbartes Honorar_____ (Arbeitsgage)

zzgl. _____ (Buyout)

Mit Zahlung des vereinbarten Honorars erteilt das Model gegenüber dem Fotografen seine Einwilligung, dass seine obigen Bildnisse bzw. Porträts oder Reproduktionen dieser Bildnisse in geänderter oder unveränderter Form durch Dritte, die mit dem Einverständnis des Fotografen handeln, im Rahmen des Vertragszwecks wie folgt veröffentlicht und genutzt werden dürfen:

Vertragszweck: _____ *(z.B. Werbekampagne für das Produkt ...)*

Nutzungsart: _____ *(z.B. Internet, Flyer, ...)*

Dauer der Nutzung: _____ *(z.B. 3 Jahre)*

Räumliche Nutzung: _____ *(Deutschland, Frankreich, Italien)*

Der Nutzer erhält die Option, gegen Zahlung von weiteren Euro _____ die folgenden weiteren Rechte zu erwerben:

Nutzungsart: _____ *(z.B. Internet, Flyer, ...)*

Dauer der Nutzung: _____ *(z.B. 3 Jahre)*

Räumliche Nutzung: _____ *(Deutschland, Frankreich, Italien)*

Das Model bestätigt, dass mit der Honorarzahlung alle oben vereinbarten Ansprüche gegenüber dem Fotografen und gegenüber Dritten, die bei der Anfertigung, Verbreitung und Veröffentlichung der obigen Bilder mit deren Einverständnis handeln, abgegolten sind.

Dem Model wird das Recht eingeräumt, die ihm überlassenen Bilder _____ *(z.B. ab 2 Monate)* nach Veröffentlichung durch den Nutzer für Eigenwerbezwecke im Internet, in seinem Modelbook und auf der Sedcard zu nutzen, auch wenn Book oder Sedcard von Dritten (Agenturen) genutzt werden.

Das Model verzichtet auf Namensnennung, ist aber auch damit einverstanden, dass sein Name oder ein anderer Name in Verbindung mit seinem Bild genannt wird.

Ort, Datum: _____

Unterschrift Model

Sofern das Model noch nicht volljährig ist, Unterschrift der gesetzlichen Vertreter/Eltern:

_____

Kapitel 4 — Vertragsmuster

Muster eines Darstellervertrages

zwischen

Firmenname _____

vertreten durch _____ *(z.B. den Geschäftsführer ...)*

Adresse _____

– nachstehend Produktionsfirma genannt –

und

Name, Vorname _____, _____

Geburtsdatum _____ / _____ Geburtsort _____,
_____

Anschrift / Straße, Nr. PLZ, Ort _____,
_____

Staatsangehörigkeit _____ Tel. _____

E-Mail _____

Krankenkasse _____

Sozialversicherungs-Nr. _____

Steuernummer _____

bei Finanzamt _____

Ggf. vertreten durch die Model-/Castingagentur

Firmenname:
_____

Anschrift:
_____

– nachstehend Mitwirkender genannt –

1. Vertragsgegenstand

Der Mitwirkende steht der Produktionsfirma als Darsteller für das folgende Vorhaben während des für seine Mitarbeit vorgesehenen unten genannten Zeitraums zur Verfügung. Das Vertragsverhältnis endet, ohne dass es einer Kündigung bedarf, spätestens mit Fertigstellung der jeweiligen Produktion.

Name des Kunden_____

Kampagne / Arbeitstitel_____

Produkt_____

Motiv / Drehort _____

Bezeichnung der Rolle _____

Vertragszeitraum _____

Voraussichtliche Drehtage_____

Termin Fitting _____

2. Gage

Für seine Mitwirkung erhält der Mitwirkende die folgende Vergütung:

2.1. Vergütung

Gesamt-Netto-Vergütung/-Gage _____

a) Gage pro Drehtag inkl. Fitting exkl. Buyout:_____

b) Gage für Rechteeinräumung/Buyout laut § 3:_____

Der Mitwirkende erklärt, dass er: ☐ mehrwertsteuerpflichtig ist
☐ nicht mehrwertsteuerpflichtig ist.

Soweit der Mitwirkende erklärt, dass er zur Entgegennahme von Mehrwertsteuer verpflichtet ist, gelten alle Vergütungen nach diesem Vertrag zuzüglich der jeweils geltenden Mehrwertsteuer.

2.2. Fälligkeit

Die Gage ist wie folgt fällig:

a) Die Gage pro Drehtag ist nach ordnungsgemäßer Ausführung der Tätigkeit fällig.

b) Die Vergütung zur Rechteeinräumung wird mit der erstmaligen Ausstrahlung/Nutzung des TV-Spots/Films fällig, unabhängig von der Ausstrahlung aber spätestens am _____.

(Die Vergütung zur Rechteeinräumung wird sehr häufig an die Voraussetzung gebunden, dass der Spot/Film auch wirklich ausgestrahlt wird. Das kann unter Umständen für den Mitwirkenden unrentabel sein, wenn z.B. die Tagesgage sehr niedrig ist und der Mitwirkende vorher aber sehr hohe eigene Kosten, z.B. Anreisekosten hatte.)

2.3. Ausfallhonorar

Sollte der Drehtermin nicht zustande kommen, wird dem Mitwirkenden statt der o.g. Vergütung ein Ausfallhonorar in Höhe von pauschal Euro _____ gezahlt.

(Alternativ:)

Bei kurzfristiger Absage (d.h. z.B. 3 Arbeitstage vor Drehbeginn) fällt ein Ausfallhonorar in Höhe von ____ % der Arbeitsgage an. Bei Absage am Drehtag fallen ____ % der vereinbarten Vergütung an.

(Das Ausfallhonorar sollte zusätzlich genau geregelt werden. Häufig wird bei kurzfristiger Absage ein Ausfallhonorar in Höhe von 50% der Tages- oder Arbeitsgage (nicht des Buyouts!) vereinbart. Bei Absage am Drehtag häufig 100%.)

3. Einwilligung in die Nutzung / Rechteeinräumung

Der Mitwirkende willigt in die Nutzung seiner bei dieser Produktion erstellten Bildnisse ein und räumt der Produktionsfirma sämtliche Rechte, die durch seine o.g. Mitwirkung an den hergestellten Bild- und Tonträgern entstanden sind, wie folgt ein:

Nutzungsart: _____ *(genaue Angabe der Medien, z.B. TV, Kino*

Räumliche Nutzung:_____ *(z.B. Deutschland, Österreich, Schweiz)*

Dauer der Nutzung:_____ *(z.B. drei Monate, ein Jahr ...)*

Unter die Einwilligung fallen auch Bild- und Tonträger, die im Rahmen des Vertragszwecks bearbeitet wurden.

Die Einwilligung gilt erst mit Zahlung der vereinbarten Vergütungen als erteilt.

(Es kommt vor, dass die Bilder zwar genutzt werden, aber der Mitwirkende trotz Vereinbarung nicht bezahlt wird. Dagegen kann der Mitwirkende sich mit diesem Satz wehren. Hiernach werden die Rechte nämlich erst durch die Zahlung eingeräumt. Solange nicht gezahlt wurde, kann der Mitwirkende die Verwendung der Bilder verbieten – ein starkes Argument, um den Nutzer zur ordnungsgemäßen Zahlung zu veranlassen.)

4. Option

Eine weitergehende Nutzung in folgendem Umfang:

Nutzungsart: _____ *(genaue Angaben der Medien, z.B. Internet)*

Räumliche Nutzung:_____ *(z.B. Frankreich, Italien, Spanien)*

Dauer der Nutzung:_____ *(z.B. ein Jahr)*

bewilligt der Mitwirkende gegen Erhalt einer weiteren Vergütung für die Rechteeinräumung/das Buyout in Höhe von Netto: € _____ .

Die Produktionsfirma verpflichtet sich, dem Mitwirkenden eine weitergehende Nutzung unaufgefordert vor Aufnahme der Nutzung anzuzeigen und zu bezahlen.

Kapitel 4 — Vertragsmuster

5. Vertraulichkeit

Der Mitwirkende verpflichtet sich, Inhalte und sonstige Umstände, die die vorbenannte Produktion betreffen, vertraulich zu behandeln und hierüber Stillschweigen zu bewahren. Dies gilt über das Vertragsende hinaus.

6. Nutzung der Aufnahmen durch den Mitwirkenden

(Es sollte geklärt werden, ob und in welcher Form der Mitwirkende die Aufnahmen für sich selber, z.B. zum Zwecke der Eigenwerbung nutzen darf. Wenn hierüber keine Vereinbarung getroffen wurde, darf der Mitwirkende im Zweifel die Bilder nicht öffentlich nutzen. Wenn dies gewünscht ist, könnte der folgende Passus zur Klarstellung hinzugefügt werden:)

Der Mitwirkende ist nicht berechtigt, ihm eventuell zur Verfügung gestellte Foto- bzw. Film-Aufnahmen zu vervielfältigen und zu verbreiten bzw. vervielfältigen und verbreiten zu lassen. Es ist ihm lediglich eine Nutzung der Aufnahmen zum privaten Gebrauch gestattet.

(Wenn dem Mitwirkendem aber eine Nutzung zu Eigenwerbezwecken, z.B. auf der Sedcard, dem Modelbook oder im Internet erlaubt sein soll, kann dies z.B. so festgelegt werden:)

Der Mitwirkende ist berechtigt, die ihm zur Verfügung gestellten Foto- bzw. Filmaufnahmen im Rahmen der Eigenwerbung z.B. auf der eigenen Sedcard, im Modelbook und im Internet zu nutzen, wobei dies frühestens ab dem Zeitpunkt der Veröffentlichung der Bildnisse durch den Auftraggeber/Kunden geschehen darf.

(Der Auftraggeber verfolgt mit der Veröffentlichung der Aufnahmen häufig ein besonderes Interesse im Rahmen seiner Werbekampagne. Wenn die Bilder schon vorher bekannt werden, kann dies ggf. den Erfolg der ganzen Werbekampagne, die sehr teuer sein kann, beeinträchtigen. Daher ist es unbedingt erforderlich, dass der Mitwirkende Veröffentlichungssperren und Verschwiegenheitsverpflichtungen beachtet. Anderenfalls macht er sich schadensersatzpflichtig.)

7. Schlussbestimmungen

Diese Vereinbarung unterliegt deutschem Recht. Mündliche Nebenabreden bestehen nicht. Sollte eine der Bestimmungen ungültig sein, wird die Gültigkeit der Vereinbarung im Übrigen davon nicht berührt. Anstelle der unwirksamen Bestimmung soll eine Regelung treten, die im Rahmen des rechtlich Möglichen dem Willen der Parteien am nächsten kommt. Das Gleiche gilt im Falle einer Regelungslücke. Änderungen oder Ergänzungen dieser Vereinbarung inklusive der Abbedingung des Schriftformerfordernisses bedürfen der Schriftform.

Rechte und Pflichten aus diesem Vertrag dürfen sowohl einzeln als auch gesamt nur mit schriftlicher Zustimmung der jeweils anderen Partei abgetreten werden.

Ort, Datum:_____Ort, Datum:_____

_____

Unterschrift Mitwirkende   Unterschrift Produktionsfirma

Sofern der Mitwirkende noch nicht volljährig ist, Unterschrift der gesetzlichen Vertreter/Eltern

_____   _____

Kapitel 4 — Vertragsmuster

Muster einer Casting-Agentur-Vereinbarung

zwischen

Firmenname _____

vertreten durch _____ *(z.B. den Geschäftsführer ...)*

Adresse_____

– nachstehend Agentur genannt –

und

Name, Vorname_____, _____

Geburtsdatum/Geburtsort_____, _____

Anschrift/Straße, Nr. PLZ, Ort _____, _____

Staatsangehörigkeit _____ Tel. ___ _____

E-Mail _____

– nachstehend Model genannt –

Die Agentur vermittelt Fotomodels, Schauspieler und andere Darsteller für Fotoaufnahmen (z.B. Werbefotos) und Filmaufnahmen (z.B. Werbefilme, Spielfilme und Fernsehshows) an Kunden (z.B. Fotografen, Werbeagenturen, Film- oder Fotoproduktionen, Regisseure).

1. Grundsätzliches

Die Agentur übernimmt für die Dauer des Vertrages die Vermittlung des Models, wobei kein Erfolg geschuldet wird. Die Agentur wird dabei allein als Maklerin tätig. Für den Nachweis und die Vermittlung von Fotomodel- und/oder Darstellerverträgen (Aufträge) zwischen dem Model und dem

Kunden wird sie eine Provision erhalten. Die vermittelten Aufträge kommen zwischen dem Model und dem Kunden zustande.

2. Aufgaben und Pflichten der Agentur und des Models

Die Agentur ist ermächtigt, im Namen des Models Verhandlungen über die Vertragsinhalte, insbesondere das Honorar und die spätere Nutzung der Aufnahmen zu führen und als Vertreter des Models entsprechende Verträge hierüber abzuschließen. Die Agentur stimmt zuvor die Einzelheiten (Ort, Zeit, Gegenstand der Buchung, Honorare) mit dem Model ab. Das Model verpflichtet sich, die von der Agentur vermittelten Angebote unverzüglich anzunehmen oder abzulehnen und sich im Verhältnis zum Kunden an diese zu halten. Nachträgliche Änderungen oder Ergänzungen des Vertrages (insbesondere im Hinblick auf weitere Rechteeinräumungen) darf das Model nur in Abstimmung mit der Agentur vornehmen, deren Provisionsanspruch sich auch auf diese bezieht.

3. Provision

Für die Vertragsvermittlung erhält die Agentur vom Model eine Provision in Höhe von:

_____ % aller Netto-Vergütungen (Honorare und Buyouts), die das Model aufgrund der Vermittlung durch die Agentur erwirtschaftet.

(Die Höhe der Provisionen kann sehr unterschiedlich sein. Bei deutschen Casting-Agenturen sind Provisionen in Höhe von 10% bis 20% üblich. Es gibt aber auch Agenturen, die sehr viel höhere Provisionen nehmen. Einige Agenturen nehmen für sehr geringe Gagen (z.B. bis zu 300 Euro) auch gar keine Provision vom Model.)

Die Provision wird mit Zahlung der provisionspflichtigen Vergütung fällig. Das Model beauftragt die Agentur, in seinem Namen die Erträge aus der vermittelten Tätigkeit (Honorare, Buyouts, Auslagen etc.) gegenüber dem Kunden abzurechnen. Die Agentur darf die auf sie entfallene Provision von den Einnahmen einbehalten und wird die übrigen Gelder nach ordnungsgemäßer Rechnungsstellung des Models unverzüglich an das Model weiterleiten.

4. Nutzungsrechte für Werbung

Das Model erteilt der Agentur ausdrücklich alle Nutzungsrechte an den von ihm durch die Agentur hergestellten oder archivierten Aufnahmen (Bild-, Ton- und Filmmaterial) zum Zwecke der Vermittlung und Bewerbung des Models gegenüber potenziellen Kunden der Agentur und zum Zwecke der Eigenwerbung der Agentur. Ein Honoraranspruch entsteht hierfür nicht. Diese Nutzungsrechte umfassen insbesondere auch die Nutzung im Internet (z.B. auf der Website der Agentur) und die Aufnahme der Fotos in einen Katalog oder einen Film (z.B. Video) der Agentur.

5. Weitere Pflichten des Models

Das Model wird alle zumutbaren Maßnahmen ergreifen, die für eine erfolgreiche Vermittlung notwendig sind. Es sichert der Agentur insbesondere zu, die vermittelten Verträge mit den Kunden ordnungsgemäß zu erfüllen und die Angaben zur Person und anderen Umständen (insbesondere Angaben über frühere Buchungen) wahrheitsgemäß und vollständig zu beantworten. Es verpflichtet sich, die Agentur umgehend über Veränderungen des eigenen Äußeren (Frisur, Haarfarbe, wesentliche Gewichtsänderungen u.Ä.) zu informieren.

6. Kündigung

Diese Vereinbarung kann von beiden Seiten jederzeit ohne Angabe von Gründen gekündigt werden. Die Verpflichtungen aus den bis zur Kündigung vermittelten Aufträgen bleiben bestehen.

7. Sonstiges

Diese Vereinbarung unterliegt deutschem Recht. Mündliche Nebenabreden bestehen nicht. Sollte eine der Bestimmungen ungültig sein, wird die Gültigkeit der Vereinbarung im Übrigen davon nicht berührt. In einem solchen Fall soll die unwirksame durch eine dem Zweck entsprechende gültige Bestimmung ersetzt werden. Änderungen dieser Vereinbarung inkl. der Abbedingung des Schriftformerfordernisses bedürfen der Schriftform.

Vertragsmuster

Ort, Datum:_____Ort, Datum:_____

_____

Unterschrift Agentur   Unterschrift Model

Sofern das Model noch nicht volljährig ist, Unterschrift der gesetzlichen Vertreter/Eltern:

_____

Kapitel 5

Gesetzestexte

5.1 GESETZ BETREFFEND DAS URHEBERRECHT AN WERKEN DER BILDENDEN KÜNSTE UND DER PHOTOGRAPHIE – KUNSTURHEBERRECHTSGESETZ – KUG

Das KUG wurde 1965 durch das UrhG abgelöst. Nur die Vorschriften, die das Recht am eigenen Bild regeln, blieben in Kraft.

§ 22

Bildnisse dürfen nur mit Einwilligung des Abgebildeten verbreitet oder öffentlich zur Schau gestellt werden. Die Einwilligung gilt im Zweifel als erteilt, wenn der Abgebildete dafür, dass er sich abbilden ließ, eine Entlohnung erhielt. Nach dem Tode des Abgebildeten bedarf es bis zum Ablaufe von 10 Jahren der Einwilligung der Angehörigen des Abgebildeten. Angehörige im Sinne dieses Gesetzes sind der überlebende Ehegatte oder Lebenspartner und die Kinder des Abgebildeten und, wenn weder ein Ehegatte oder Lebenspartner noch Kinder vorhanden sind, die Eltern des Abgebildeten.

§ 23

(1) Ohne die nach § 22 erforderliche Einwilligung dürfen verbreitet und zur Schau gestellt werden:

1. Bildnisse aus dem Bereiche der Zeitgeschichte;
2. Bilder, auf denen die Personen nur als Beiwerk neben einer Landschaft oder sonstigen Örtlichkeit erscheinen;
3. Bilder von Versammlungen, Aufzügen und ähnlichen Vorgängen, an denen die dargestellten Personen teilgenommen haben;
4. Bildnisse, die nicht auf Bestellung angefertigt sind, sofern die Verbreitung oder Schaustellung einem höheren Interesse der Kunst dient.

(2) Die Befugnis erstreckt sich jedoch nicht auf eine Verbreitung und Schaustellung, durch die ein berechtigtes Interesse des Abgebildeten oder, falls dieser verstorben ist, seiner Angehörigen verletzt wird.

§ 24

Für Zwecke der Rechtspflege und der öffentlichen Sicherheit dürfen von den Behörden Bildnisse ohne Einwilligung des Berechtigten sowie des Abgebildeten oder seiner Angehörigen vervielfältigt, verbreitet und öffentlich zur Schau gestellt werden.

§ 33

(1) Mit Freiheitsstrafe bis zu einem Jahr oder mit Geldstrafe wird bestraft, wer entgegen den §§ 22, 23 ein Bildnis verbreitet oder öffentlich zur Schau stellt.

(2) Die Tat wird nur auf Antrag verfolgt.

§ 37

(1) Die widerrechtlich hergestellten, verbreiteten oder vorgeführten Exemplare und die zur widerrechtlichen Vervielfältigung oder Vorführung ausschließlich bestimmten Vorrichtungen, wie Formen, Platten, Steine, unterliegen der Vernichtung. Das Gleiche gilt von den widerrechtlich verbreiteten oder öffentlich zur Schau gestellten Bildnissen und den zu deren Vervielfältigung ausschließlich bestimmten Vorrichtungen. Ist nur ein Teil des Werkes widerrechtlich hergestellt, verbreitet oder vorgeführt, so ist auf Vernichtung dieses Teiles und der entsprechenden Vorrichtungen zu erkennen.

(2) Gegenstand der Vernichtung sind alle Exemplare und Vorrichtungen, welche sich im Eigentume der an der Herstellung, der Verbreitung, der Vorführung oder der Schaustellung Beteiligten sowie der Erben dieser Personen befinden.

(3) Auf die Vernichtung ist auch dann zu erkennen, wenn die Herstellung, die Verbreitung, die Vorführung oder die Schaustellung weder vorsätzlich noch fahrlässig erfolgt. Das Gleiche gilt, wenn die Herstellung noch nicht vollendet ist.

(4) Die Vernichtung hat zu erfolgen, nachdem dem Eigentümer gegenüber rechtskräftig darauf erkannt ist. Soweit die Exemplare oder die Vorrichtungen in anderer Weise als durch Vernichtung unschädlich gemacht

werden können, hat dies zu geschehen, falls der Eigentümer die Kosten übernimmt.

§ 38

Der Verletzte kann statt der Vernichtung verlangen, dass ihm das Recht zuerkannt wird, die Exemplare und Vorrichtungen ganz oder teilweise gegen eine angemessene, höchstens dem Betrage der Herstellungskosten gleichkommende Vergütung zu übernehmen.

§ 42

Die Vernichtung der Exemplare und der Vorrichtungen kann im Wege des bürgerlichen Rechtsstreits oder im Strafverfahren verfolgt werden.

§ 43

(1) Auf die Vernichtung von Exemplaren oder Vorrichtungen kann auch im Strafverfahren nur auf besonderen Antrag des Verletzten erkannt werden. Die Zurücknahme des Antrags ist bis zur erfolgten Vernichtung zulässig.

(2) Der Verletzte kann die Vernichtung von Exemplaren oder Vorrichtungen selbständig verfolgen. In diesem Falle finden die §§ 477 bis 479 der Strafprozessordnung mit der Maßgabe Anwendung, dass der Verletzte als Privatkläger auftreten kann.

§ 44

Die §§ 42, 43 finden auf die Verfolgung des in § 38 bezeichneten Rechtes entsprechende Anwendung.

§ 48

(1) Der Anspruch auf Schadensersatz und die Strafverfolgung wegen widerrechtlicher Verbreitung oder Vorführung eines Werkes sowie die Strafverfolgung wegen widerrechtlicher Verbreitung oder Schaustellung eines Bildnisses verjähren in drei Jahren.

(2) Die Verjährung beginnt mit dem Tag, an welchem die widerrechtliche Handlung zuletzt stattgefunden hat.

§ 50

Der Antrag auf Vernichtung der Exemplare und der Vorrichtungen ist so lange zulässig, als solche Exemplare oder Vorrichtungen vorhanden sind.

5.2 GESETZ ÜBER URHEBERRECHT UND VERWANDTE SCHUTZRECHTE – URHEBERRECHTSGESETZ – URHG

Nachfolgend wird das Urheberrechtsgesetz gekürzt wiedergegeben. Unmittelbar für das Verhältnis zwischen Abgebildetem und Fotografen gilt § 60 UrhG für auf Bestellung angefertigte Bildnisse; einige andere Vorschriften sind für Models wichtig, wenn es um die Verwendung der vom Fotografen erhaltenen Werke geht.

§ 1 Allgemeines

Die Urheber von Werken der Literatur, Wissenschaft und Kunst genießen für ihre Werke Schutz nach Maßgabe dieses Gesetzes.

§ 2 Geschützte Werke

(1) Zu den geschützten Werken der Literatur, Wissenschaft und Kunst gehören insbesondere:

1. Sprachwerke, wie Schriftwerke, Reden und Computerprogramme;
2. Werke der Musik;
3. pantomimische Werke einschließlich der Werke der Tanzkunst;
4. Werke der bildenden Künste einschließlich der Werke der Baukunst und der angewandten Kunst und Entwürfe solcher Werke;
5. Lichtbildwerke einschließlich der Werke, die ähnlich wie Lichtbildwerke geschaffen werden;

6. Filmwerke einschließlich der Werke, die ähnlich wie Filmwerke geschaffen werden;
7. Darstellungen wissenschaftlicher oder technischer Art, wie Zeichnungen, Pläne, Karten, Skizzen, Tabellen und plastische Darstellungen.

(2) Werke im Sinne dieses Gesetzes sind nur persönliche geistige Schöpfungen.

§ 3 Bearbeitungen

Übersetzungen und andere Bearbeitungen eines Werkes, die persönliche geistige Schöpfungen des Bearbeiters sind, werden unbeschadet des Urheberrechts am bearbeiteten Werk wie selbständige Werke geschützt. Die nur unwesentliche Bearbeitung eines nicht geschützten Werkes der Musik wird nicht als selbständiges Werk geschützt.

§ 6 Veröffentlichte und erschienene Werke

(1) Ein Werk ist veröffentlicht, wenn es mit Zustimmung des Berechtigten der Öffentlichkeit zugänglich gemacht worden ist.

(2) Ein Werk ist erschienen, wenn mit Zustimmung des Berechtigten Vervielfältigungsstücke des Werkes nach ihrer Herstellung in genügender Anzahl der Öffentlichkeit angeboten oder in Verkehr gebracht worden sind. Ein Werk der bildenden Künste gilt auch dann als erschienen, wenn das Original oder ein Vervielfältigungsstück des Werkes mit Zustimmung des Berechtigten bleibend der Öffentlichkeit zugänglich ist.

§ 7 Urheber

Urheber ist der Schöpfer des Werkes.

§ 8 Miturheber

(1) Haben mehrere ein Werk gemeinsam geschaffen, ohne dass sich ihre Anteile gesondert verwerten lassen, so sind sie Miturheber des Werkes.

(2) Das Recht zur Veröffentlichung und zur Verwertung des Werkes steht den Miturhebern zur gesamten Hand zu; Änderungen des Werkes sind

nur mit Einwilligung der Miturheber zulässig. Ein Miturheber darf jedoch seine Einwilligung zur Veröffentlichung, Verwertung oder Änderung nicht wider Treu und Glauben verweigern. Jeder Miturheber ist berechtigt, Ansprüche aus Verletzungen des gemeinsamen Urheberrechts geltend zu machen; er kann jedoch nur Leistung an alle Miturheber verlangen.

(3) Die Erträgnisse aus der Nutzung des Werkes gebühren den Miturhebern nach dem Umfang ihrer Mitwirkung an der Schöpfung des Werkes, wenn nichts anderes zwischen den Miturhebern vereinbart ist.

(4) Ein Miturheber kann auf seinen Anteil an den Verwertungsrechten (§ 15) verzichten. Der Verzicht ist den anderen Miturhebern gegenüber zu erklären. Mit der Erklärung wächst der Anteil den anderen Miturhebern zu.

§ 9 Urheber verbundener Werke

Haben mehrere Urheber ihre Werke zu gemeinsamer Verwertung miteinander verbunden, so kann jeder vom anderen die Einwilligung zur Veröffentlichung, Verwertung und Änderung der verbundenen Werke verlangen, wenn die Einwilligung dem anderen nach Treu und Glauben zuzumuten ist.

§ 10 Vermutung der Urheber- oder Rechtsinhaberschaft

(1) Wer auf den Vervielfältigungsstücken eines erschienenen Werkes oder auf dem Original eines Werkes der bildenden Künste in der üblichen Weise als Urheber bezeichnet ist, wird bis zum Beweis des Gegenteils als Urheber des Werkes angesehen; dies gilt auch für eine Bezeichnung, die als Deckname oder Künstlerzeichen des Urhebers bekannt ist.

(2) Ist der Urheber nicht nach Absatz 1 bezeichnet, so wird vermutet, dass derjenige ermächtigt ist, die Rechte des Urhebers geltend zu machen, der auf den Vervielfältigungsstücken des Werkes als Herausgeber bezeichnet ist. Ist kein Herausgeber angegeben, so wird vermutet, dass der Verleger ermächtigt ist.

(3) Für die Inhaber ausschließlicher Nutzungsrechte gilt die Vermutung des Absatzes 1 entsprechend, soweit es sich um Verfahren des einst-

weiligen Rechtsschutzes handelt oder Unterlassungsansprüche geltend gemacht werden. Die Vermutung gilt nicht im Verhältnis zum Urheber oder zum ursprünglichen Inhaber des verwandten Schutzrechts.

§ 11 Allgemeines

Das Urheberrecht schützt den Urheber in seinen geistigen und persönlichen Beziehungen zum Werk und in der Nutzung des Werkes. Es dient zugleich der Sicherung einer angemessenen Vergütung für die Nutzung des Werkes.

§ 12 Veröffentlichungsrecht

(1) Der Urheber hat das Recht zu bestimmen, ob und wie sein Werk zu veröffentlichen ist.

(2) Dem Urheber ist es vorbehalten, den Inhalt seines Werkes öffentlich mitzuteilen oder zu beschreiben, solange weder das Werk noch der wesentliche Inhalt oder eine Beschreibung des Werkes mit seiner Zustimmung veröffentlicht ist.

§ 13 Anerkennung der Urheberschaft

Der Urheber hat das Recht auf Anerkennung seiner Urheberschaft am Werk. Er kann bestimmen, ob das Werk mit einer Urheberbezeichnung zu versehen und welche Bezeichnung zu verwenden ist.

§ 14 Entstellung des Werkes

Der Urheber hat das Recht, eine Entstellung oder eine andere Beeinträchtigung seines Werkes zu verbieten, die geeignet ist, seine berechtigten geistigen oder persönlichen Interessen am Werk zu gefährden.

§ 15 Allgemeines

(1) Der Urheber hat das ausschließliche Recht, sein Werk in körperlicher Form zu verwerten; das Recht umfasst insbesondere

1. das Vervielfältigungsrecht (§ 16),
2. das Verbreitungsrecht (§ 17),
3. das Ausstellungsrecht (§ 18).

(2) Der Urheber hat ferner das ausschließliche Recht, sein Werk in unkörperlicher Form öffentlich wiederzugeben (Recht der öffentlichen Wiedergabe). Das Recht der öffentlichen Wiedergabe umfasst insbesondere

1. das Vortrags-, Aufführungs- und Vorführungsrecht (§ 19),
2. das Recht der öffentlichen Zugänglichmachung (§ 19a),
3. das Senderecht (§ 20),
4. das Recht der Wiedergabe durch Bild- oder Tonträger (§ 21),
5. das Recht der Wiedergabe von Funksendungen und von öffentlicher Zugänglichmachung (§ 22).

(3) Die Wiedergabe ist öffentlich, wenn sie für eine Mehrzahl von Mitgliedern der Öffentlichkeit bestimmt ist. Zur Öffentlichkeit gehört jeder, der nicht mit demjenigen, der das Werk verwertet, oder mit den anderen Personen, denen das Werk in unkörperlicher Form wahrnehmbar oder zugänglich gemacht wird, durch persönliche Beziehungen verbunden ist.

§ 16 Vervielfältigungsrecht

(1) Das Vervielfältigungsrecht ist das Recht, Vervielfältigungsstücke des Werkes herzustellen, gleichviel ob vorübergehend oder dauerhaft, in welchem Verfahren und in welcher Zahl.

(2) Eine Vervielfältigung ist auch die Übertragung des Werkes auf Vorrichtungen zur wiederholbaren Wiedergabe von Bild- oder Tonfolgen (Bild- oder Tonträger), gleichviel, ob es sich um die Aufnahme einer Wiedergabe des Werkes auf einen Bild- oder Tonträger oder um die Übertragung des Werkes von einem Bild- oder Tonträger auf einen anderen handelt.

§ 17 Verbreitungsrecht

(1) Das Verbreitungsrecht ist das Recht, das Original oder Vervielfältigungsstücke des Werkes der Öffentlichkeit anzubieten oder in Verkehr zu bringen.

Kapitel 5 — Gesetzestexte

(2) Sind das Original oder Vervielfältigungsstücke des Werkes mit Zustimmung des zur Verbreitung Berechtigten im Gebiet der Europäischen Union oder eines anderen Vertragsstaates des Abkommens über den Europäischen Wirtschaftsraum im Wege der Veräußerung in Verkehr gebracht worden, so ist ihre Weiterverbreitung mit Ausnahme der Vermietung zulässig.

(3) Vermietung im Sinne der Vorschriften dieses Gesetzes ist die zeitlich begrenzte, unmittelbar oder mittelbar Erwerbszwecken dienende Gebrauchsüberlassung. Als Vermietung gilt jedoch nicht die Überlassung von Originalen oder Vervielfältigungsstücken

1. von Bauwerken und Werken der angewandten Kunst oder
2. im Rahmen eines Arbeits- oder Dienstverhältnisses zu dem ausschließlichen Zweck, bei der Erfüllung von Verpflichtungen aus dem Arbeits- oder Dienstverhältnis benutzt zu werden.

§ 18 Ausstellungsrecht

Das Ausstellungsrecht ist das Recht, das Original oder Vervielfältigungsstücke eines unveröffentlichten Werkes der bildenden Künste oder eines unveröffentlichten Lichtbildwerkes öffentlich zur Schau zu stellen.

§ 19a Recht der öffentlichen Zugänglichmachung

Das Recht der öffentlichen Zugänglichmachung ist das Recht, das Werk drahtgebunden oder drahtlos der Öffentlichkeit in einer Weise zugänglich zu machen, dass es Mitgliedern der Öffentlichkeit von Orten und zu Zeiten ihrer Wahl zugänglich ist.

§ 23 Bearbeitungen und Umgestaltungen

Bearbeitungen oder andere Umgestaltungen des Werkes dürfen nur mit Einwilligung des Urhebers des bearbeiteten oder umgestalteten Werkes veröffentlicht oder verwertet werden. Handelt es sich um eine Verfilmung des Werkes, um die Ausführung von Plänen und Entwürfen eines Werkes der bildenden Künste, um den Nachbau eines Werkes der Baukunst oder um die Bearbeitung oder Umgestaltung eines Datenbankwerkes, so bedarf bereits das Herstellen der Bearbeitung oder Umgestaltung der Einwilligung des Urhebers.

§ 24 Freie Benutzung

(1) Ein selbständiges Werk, das in freier Benutzung des Werkes eines anderen geschaffen worden ist, darf ohne Zustimmung des Urhebers des benutzten Werkes veröffentlicht und verwertet werden.

(2) Absatz 1 gilt nicht für die Benutzung eines Werkes der Musik, durch welche eine Melodie erkennbar dem Werk entnommen und einem neuen Werk zugrunde gelegt wird.

§ 28 Vererbung des Urheberrechts

(1) Das Urheberrecht ist vererblich.

(2) Der Urheber kann durch letztwillige Verfügung die Ausübung des Urheberrechts einem Testamentsvollstrecker übertragen. § 2210 des Bürgerlichen Gesetzbuchs ist nicht anzuwenden.

§ 31 Einräumung von Nutzungsrechten

(1) Der Urheber kann einem anderen das Recht einräumen, das Werk auf einzelne oder alle Nutzungsarten zu nutzen (Nutzungsrecht). Das Nutzungsrecht kann als einfaches oder ausschließliches Recht sowie räumlich, zeitlich oder inhaltlich beschränkt eingeräumt werden.

(2) Das einfache Nutzungsrecht berechtigt den Inhaber, das Werk auf die erlaubte Art zu nutzen, ohne dass eine Nutzung durch andere ausgeschlossen ist.

(3) Das ausschließliche Nutzungsrecht berechtigt den Inhaber, das Werk unter Ausschluss aller anderen Personen auf die ihm erlaubte Art zu nutzen und Nutzungsrechte einzuräumen. Es kann bestimmt werden, dass die Nutzung durch den Urheber vorbehalten bleibt. § 35 bleibt unberührt.

(4) (weggefallen)

(5) Sind bei der Einräumung eines Nutzungsrechts die Nutzungsarten nicht ausdrücklich einzeln bezeichnet, so bestimmt sich nach dem von beiden Partnern zugrunde gelegten Vertragszweck, auf welche Nutzungsarten es sich erstreckt. Entsprechendes gilt für die Frage, ob ein Nutzungsrecht eingeräumt wird, ob es sich um ein einfaches oder ausschließliches Nutzungsrecht handelt, wie weit Nutzungsrecht und Verbotsrecht reichen und welchen Einschränkungen das Nutzungsrecht unterliegt.

§ 33 Weiterwirkung von Nutzungsrechten

Ausschließliche und einfache Nutzungsrechte bleiben gegenüber später eingeräumten Nutzungsrechten wirksam. Gleiches gilt, wenn der Inhaber des Rechts, der das Nutzungsrecht eingeräumt hat, wechselt oder wenn er auf sein Recht verzichtet.

§ 34 Übertragung von Nutzungsrechten

(1) Ein Nutzungsrecht kann nur mit Zustimmung des Urhebers übertragen werden. Der Urheber darf die Zustimmung nicht wider Treu und Glauben verweigern.

(2) Werden mit dem Nutzungsrecht an einem Sammelwerk (§ 4) Nutzungsrechte an den in das Sammelwerk aufgenommenen einzelnen Werken übertragen, so genügt die Zustimmung des Urhebers des Sammelwerkes.

(3) Ein Nutzungsrecht kann ohne Zustimmung des Urhebers übertragen werden, wenn die Übertragung im Rahmen der Gesamtveräußerung eines Unternehmens oder der Veräußerung von Teilen eines Unternehmens geschieht. Der Urheber kann das Nutzungsrecht zurückrufen, wenn ihm die Ausübung des Nutzungsrechts durch den Erwerber nach Treu und Glauben nicht zuzumuten ist. Satz 2 findet auch dann Anwendung, wenn sich die Beteiligungsverhältnisse am Unternehmen des Inhabers des Nutzungsrechts wesentlich ändern.

(4) Der Erwerber des Nutzungsrechts haftet gesamtschuldnerisch für die Erfüllung der sich aus dem Vertrag mit dem Urheber ergebenden Ver-

pflichtungen des Veräußerers, wenn der Urheber der Übertragung des Nutzungsrechts nicht im Einzelfall ausdrücklich zugestimmt hat.

(5) Der Urheber kann auf das Rückrufsrecht und die Haftung des Erwerbers im Voraus nicht verzichten. Im Übrigen können der Inhaber des Nutzungsrechts und der Urheber Abweichendes vereinbaren.

§ 35 Einräumung weiterer Nutzungsrechte

(1) Der Inhaber eines ausschließlichen Nutzungsrechts kann weitere Nutzungsrechte nur mit Zustimmung des Urhebers einräumen. Der Zustimmung bedarf es nicht, wenn das ausschließliche Nutzungsrecht nur zur Wahrnehmung der Belange des Urhebers eingeräumt ist.

(2) Die Bestimmungen in § 34 Abs. 1 Satz 2, Abs. 2 und Abs. 5 Satz 2 sind entsprechend anzuwenden.

§ 39 Änderungen des Werkes

(1) Der Inhaber eines Nutzungsrechts darf das Werk, dessen Titel oder Urheberbezeichnung (§ 10 Abs. 1) nicht ändern, wenn nichts anderes vereinbart ist.

(2) Änderungen des Werkes und seines Titels, zu denen der Urheber seine Einwilligung nach Treu und Glauben nicht versagen kann, sind zulässig.

§ 42 Rückrufsrecht wegen gewandelter Überzeugung

(1) Der Urheber kann ein Nutzungsrecht gegenüber dem Inhaber zurückrufen, wenn das Werk seiner Überzeugung nicht mehr entspricht und ihm deshalb die Verwertung des Werkes nicht mehr zugemutet werden kann. Der Rechtsnachfolger des Urhebers (§ 30) kann den Rückruf nur erklären, wenn er nachweist, dass der Urheber vor seinem Tode zum Rückruf berechtigt gewesen wäre und an der Erklärung des Rückrufs gehindert war oder diese letztwillig verfügt hat.

(2) Auf das Rückrufsrecht kann im Voraus nicht verzichtet werden. Seine Ausübung kann nicht ausgeschlossen werden.

(3) Der Urheber hat den Inhaber des Nutzungsrechts angemessen zu entschädigen. Die Entschädigung muss mindestens die Aufwendungen decken, die der Inhaber des Nutzungsrechts bis zur Erklärung des Rückrufs gemacht hat; jedoch bleiben hierbei Aufwendungen, die auf bereits gezogene Nutzungen entfallen, außer Betracht. Der Rückruf wird erst wirksam, wenn der Urheber die Aufwendungen ersetzt oder Sicherheit dafür geleistet hat. Der Inhaber des Nutzungsrechts hat dem Urheber binnen einer Frist von drei Monaten nach Erklärung des Rückrufs die Aufwendungen mitzuteilen; kommt er dieser Pflicht nicht nach, so wird der Rückruf bereits mit Ablauf dieser Frist wirksam.

(4) Will der Urheber nach Rückruf das Werk wieder verwerten, so ist er verpflichtet, dem früheren Inhaber des Nutzungsrechts ein entsprechendes Nutzungsrecht zu angemessenen Bedingungen anzubieten.

(5) Die Bestimmungen in § 41 Abs. 5 und 7 sind entsprechend anzuwenden.

§ 57 Unwesentliches Beiwerk

Zulässig ist die Vervielfältigung, Verbreitung und öffentliche Wiedergabe von Werken, wenn sie als unwesentliches Beiwerk neben dem eigentlichen Gegenstand der Vervielfältigung, Verbreitung oder öffentlichen Wiedergabe anzusehen sind.

§ 60 Bildnisse

(1) Zulässig ist die Vervielfältigung sowie die unentgeltliche und nicht zu gewerblichen Zwecken vorgenommene Verbreitung eines Bildnisses durch den Besteller des Bildnisses oder seinen Rechtsnachfolger oder bei einem auf Bestellung geschaffenen Bildnis durch den Abgebildeten oder nach dessen Tod durch seine Angehörigen oder durch einen im Auftrag einer dieser Personen handelnden Dritten. Handelt es sich bei dem Bildnis um ein Werk der bildenden Künste, so ist die Verwertung nur durch Lichtbild zulässig.

(2) Angehörige im Sinne von Absatz 1 Satz 1 sind der Ehegatte oder der Lebenspartner und die Kinder oder, wenn weder ein Ehegatte oder Lebenspartner noch Kinder vorhanden sind, die Eltern.

§ 62 Änderungsverbot

(1) Soweit nach den Bestimmungen dieses Abschnitts die Benutzung eines Werkes zulässig ist, dürfen Änderungen an dem Werk nicht vorgenommen werden. § 39 gilt entsprechend.

(2) Soweit der Benutzungszweck es erfordert, sind Übersetzungen und solche Änderungen des Werkes zulässig, die nur Auszüge oder Übertragungen in eine andere Tonart oder Stimmlage darstellen.

(3) Bei Werken der bildenden Künste und Lichtbildwerken sind Übertragungen des Werkes in eine andere Größe und solche Änderungen zulässig, die das für die Vervielfältigung angewendete Verfahren mit sich bringt.

(4) Bei Sammlungen für Kirchen-, Schul- oder Unterrichtsgebrauch (§ 46) sind außer den nach den Absätzen 1 bis 3 erlaubten Änderungen solche Änderungen von Sprachwerken zulässig, die für den Kirchen-, Schul- oder Unterrichtsgebrauch erforderlich sind. Diese Änderungen bedürfen jedoch der Einwilligung des Urhebers, nach seinem Tode der Einwilligung seines Rechtsnachfolgers (§ 30), wenn dieser Angehöriger (§ 60 Abs. 2) des Urhebers ist oder das Urheberrecht auf Grund letztwilliger Verfügung des Urhebers erworben hat. Die Einwilligung gilt als erteilt, wenn der Urheber oder der Rechtsnachfolger nicht innerhalb eines Monats, nachdem ihm die beabsichtigte Änderung mitgeteilt worden ist, widerspricht und er bei der Mitteilung der Änderung auf diese Rechtsfolge hingewiesen worden ist.

§ 72 Lichtbilder

(1) Lichtbilder und Erzeugnisse, die ähnlich wie Lichtbilder hergestellt werden, werden in entsprechender Anwendung der für Lichtbildwerke geltenden Vorschriften des Teils 1 geschützt.

(2) Das Recht nach Absatz 1 steht dem Lichtbildner zu.

(3) Das Recht nach Absatz 1 erlischt fünfzig Jahre nach dem Erscheinen des Lichtbildes oder, wenn seine erste erlaubte öffentliche Wiedergabe früher erfolgt ist, nach dieser, jedoch bereits fünfzig Jahre nach der Her-

stellung, wenn das Lichtbild innerhalb dieser Frist nicht erschienen oder erlaubterweise öffentlich wiedergegeben worden ist. Die Frist ist nach § 69 zu berechnen.

§ 73 Ausübender Künstler

Ausübender Künstler im Sinne dieses Gesetzes ist, wer ein Werk oder eine Ausdrucksform der Volkskunst aufführt, singt, spielt oder auf eine andere Weise darbietet oder an einer solchen Darbietung künstlerisch mitwirkt.

§ 74 Anerkennung als ausübender Künstler

(1) Der ausübende Künstler hat das Recht, in Bezug auf seine Darbietung als solcher anerkannt zu werden. Er kann dabei bestimmen, ob und mit welchem Namen er genannt wird.

(2) Haben mehrere ausübende Künstler gemeinsam eine Darbietung erbracht und erfordert die Nennung jedes einzelnen von ihnen einen unverhältnismäßigen Aufwand, so können sie nur verlangen, als Künstlergruppe genannt zu werden. Hat die Künstlergruppe einen gewählten Vertreter (Vorstand), so ist dieser gegenüber Dritten allein zur Vertretung befugt. Hat eine Gruppe keinen Vorstand, so kann das Recht nur durch den Leiter der Gruppe, mangels eines solchen nur durch einen von der Gruppe zu wählenden Vertreter geltend gemacht werden. Das Recht eines beteiligten ausübenden Künstlers auf persönliche Nennung bleibt bei einem besonderen Interesse unberührt.

(3) § 10 Abs. 1 gilt entsprechend.

§ 75 Beeinträchtigungen der Darbietung

Der ausübende Künstler hat das Recht, eine Entstellung oder eine andere Beeinträchtigung seiner Darbietung zu verbieten, die geeignet ist, sein Ansehen oder seinen Ruf als ausübender Künstler zu gefährden. Haben mehrere ausübende Künstler gemeinsam eine Darbietung erbracht, so haben sie bei der Ausübung des Rechts aufeinander angemessene Rücksicht zu nehmen.

§ 76 Dauer der Persönlichkeitsrechte

Die in den §§ 74 und 75 bezeichneten Rechte erlöschen mit dem Tode des ausübenden Künstlers, jedoch erst 50 Jahre nach der Darbietung, wenn der ausübende Künstler vor Ablauf dieser Frist verstorben ist, sowie nicht vor Ablauf der für die Verwertungsrechte nach § 82 geltenden Frist. Die Frist ist nach § 69 zu berechnen. Haben mehrere ausübende Künstler gemeinsam eine Darbietung erbracht, so ist der Tod des letzten der beteiligten ausübenden Künstler maßgeblich. Nach dem Tod des ausübenden Künstlers stehen die Rechte seinen Angehörigen (§ 60 Abs. 2) zu.

§ 77 Aufnahme, Vervielfältigung und Verbreitung

(1) Der ausübende Künstler hat das ausschließliche Recht, seine Darbietung auf Bild- oder Tonträger aufzunehmen.

(2) Der ausübende Künstler hat das ausschließliche Recht, den Bild- oder Tonträger, auf den seine Darbietung aufgenommen worden ist, zu vervielfältigen und zu verbreiten. § 27 ist entsprechend anzuwenden.

§ 78 Öffentliche Wiedergabe

(1) Der ausübende Künstler hat das ausschließliche Recht, seine Darbietung

1. öffentlich zugänglich zu machen (§ 19a),
2. zu senden, es sei denn, dass die Darbietung erlaubterweise auf Bild- oder Tonträger aufgenommen worden ist, die erschienen oder erlaubterweise öffentlich zugänglich gemacht worden sind,
3. außerhalb des Raumes, in dem sie stattfindet, durch Bildschirm, Lautsprecher oder ähnliche technische Einrichtungen öffentlich wahrnehmbar zu machen.

(2) Dem ausübenden Künstler ist eine angemessene Vergütung zu zahlen, wenn

1. die Darbietung nach Absatz 1 Nr. 2 erlaubterweise gesendet,

2. die Darbietung mittels Bild- oder Tonträger öffentlich wahrnehmbar gemacht oder

3. die Sendung oder die auf öffentlicher Zugänglichmachung beruhende Wiedergabe der Darbietung öffentlich wahrnehmbar gemacht wird.

(3) Auf Vergütungsansprüche nach Absatz 2 kann der ausübende Künstler im Voraus nicht verzichten. Sie können im Voraus nur an eine Verwertungsgesellschaft abgetreten werden.

(4) § 20b gilt entsprechend.

§ 79 Nutzungsrechte

(1) Der ausübende Künstler kann seine Rechte und Ansprüche aus den §§ 77 und 78 übertragen. § 78 Abs. 3 und 4 bleibt unberührt.

(2) Der ausübende Künstler kann einem anderen das Recht einräumen, die Darbietung auf einzelne oder alle der ihm vorbehaltenen Nutzungsarten zu nutzen. Die §§ 31, 32 bis 32b, 33 bis 42 und 43 sind entsprechend anzuwenden.

§ 80 Gemeinsame Darbietung mehrerer ausübender Künstler

(1) Erbringen mehrere ausübende Künstler gemeinsam eine Darbietung, ohne dass sich ihre Anteile gesondert verwerten lassen, so steht ihnen das Recht zur Verwertung zur gesamten Hand zu. Keiner der beteiligten ausübenden Künstler darf seine Einwilligung zur Verwertung wider Treu und Glauben verweigern. § 8 Abs. 2 Satz 3, Abs. 3 und 4 ist entsprechend anzuwenden.

(2) Für die Geltendmachung der sich aus den §§ 77 und 78 ergebenden Rechte und Ansprüche gilt § 74 Abs. 2 Satz 2 und 3 entsprechend.

§ 89 Rechte am Filmwerk

(1) Wer sich zur Mitwirkung bei der Herstellung eines Filmes verpflichtet, räumt damit für den Fall, dass er ein Urheberrecht am Filmwerk erwirbt, dem Filmhersteller im Zweifel das ausschließliche Recht ein, das Film-

werk sowie Übersetzungen und andere filmische Bearbeitungen oder Umgestaltungen des Filmwerkes auf alle Nutzungsarten zu nutzen. § 31a Abs. 1 Satz 3 und 4 und Abs. 2 bis 4 findet keine Anwendung.

(2) Hat der Urheber des Filmwerkes das in Absatz 1 bezeichnete Nutzungsrecht im Voraus einem Dritten eingeräumt, so behält er gleichwohl stets die Befugnis, dieses Recht beschränkt oder unbeschränkt dem Filmhersteller einzuräumen.

(3) Die Urheberrechte an den zur Herstellung des Filmwerkes benutzten Werken, wie Roman, Drehbuch und Filmmusik, bleiben unberührt.

(4) Für die Rechte zur filmischen Verwertung der bei der Herstellung eines Filmwerkes entstehenden Lichtbilder und Lichtbildwerke gelten die Absätze 1 und 2 entsprechend.

§ 92 Ausübende Künstler

(1) Schließt ein ausübender Künstler mit dem Filmhersteller einen Vertrag über seine Mitwirkung bei der Herstellung eines Filmwerks, so liegt darin im Zweifel hinsichtlich der Verwertung des Filmwerks die Einräumung des Rechts, die Darbietung auf eine der dem ausübenden Künstler nach § 77 Abs. 1 und 2 Satz 1 und § 78 Abs. 1 Nr. 1 und 2 vorbehaltenen Nutzungsarten zu nutzen.

(2) Hat der ausübende Künstler im Voraus ein in Absatz 1 genanntes Recht übertragen oder einem Dritten hieran ein Nutzungsrecht eingeräumt, so behält er gleichwohl die Befugnis, dem Filmhersteller dieses Recht hinsichtlich der Verwertung des Filmwerkes zu übertragen oder einzuräumen.

(3) § 90 gilt entsprechend.

§ 95 Laufbilder

Die §§ 88, 89 Abs. 4, 90, 93 und 94 sind auf Bildfolgen und Bild- und Tonfolgen, die nicht als Filmwerke geschützt sind, entsprechend anzuwenden.

Kapitel 5 Gesetzestexte

§ 97 Anspruch auf Unterlassung und Schadensersatz

(1) Wer das Urheberrecht oder ein anderes nach diesem Gesetz geschütztes Recht widerrechtlich verletzt, kann von dem Verletzten auf Beseitigung der Beeinträchtigung, bei Wiederholungsgefahr auf Unterlassung in Anspruch genommen werden. Der Anspruch auf Unterlassung besteht auch dann, wenn eine Zuwiderhandlung erstmalig droht.

(2) Wer die Handlung vorsätzlich oder fahrlässig vornimmt, ist dem Verletzten zum Ersatz des daraus entstehenden Schadens verpflichtet. Bei der Bemessung des Schadensersatzes kann auch der Gewinn, den der Verletzer durch die Verletzung des Rechts erzielt hat, berücksichtigt werden. Der Schadensersatzanspruch kann auch auf der Grundlage des Betrages berechnet werden, den der Verletzer als angemessene Vergütung hätte entrichten müssen, wenn er die Erlaubnis zur Nutzung des verletzten Rechts eingeholt hätte. Urheber, Verfasser wissenschaftlicher Ausgaben (§ 70), Lichtbildner (§ 72) und ausübende Künstler (§ 73) können auch wegen des Schadens, der nicht Vermögensschaden ist, eine Entschädigung in Geld verlangen, wenn und soweit dies der Billigkeit entspricht.

§ 97a Abmahnung

(1) Der Verletzte soll den Verletzer vor Einleitung eines gerichtlichen Verfahrens auf Unterlassung abmahnen und ihm Gelegenheit geben, den Streit durch Abgabe einer mit einer angemessenen Vertragsstrafe bewehrten Unterlassungsverpflichtung beizulegen. Soweit die Abmahnung berechtigt ist, kann der Ersatz der erforderlichen Aufwendungen verlangt werden.

(2) Der Ersatz der erforderlichen Aufwendungen für die Inanspruchnahme anwaltlicher Dienstleistungen für die erstmalige Abmahnung beschränkt sich in einfach gelagerten Fällen mit einer nur unerheblichen Rechtsverletzung außerhalb des geschäftlichen Verkehrs auf 100 Euro.

5.3 VERORDNUNG ÜBER DIE ZULÄSSIGKEIT DER VEREINBARUNG VON VERGÜTUNGEN VON PRIVATEN VERMITTLERN MIT ANGEHÖRIGEN BESTIMMTER BERUFE UND PERSONENGRUPPEN – VERMITTLER-VERGÜTUNGSVERORDNUNG – VERMVERGVO

Die VermVergVO spielt in der Praxis eine nur geringe Rolle. Die VO hat vier Paragraphen, von denen die ersten beiden hier wiedergegeben werden.

§ 1 Berufe und Personengruppen

Für die Vermittlung in eine Tätigkeit als

1. Künstler, Artist,
2. Fotomodel, Werbetyp, Mannequin und Dressman,
3. Doppelgänger, Stuntman, Discjockey,
4. Berufssportler

dürfen mit dem Arbeitnehmer Vergütungen vereinbart werden, die sich nach dem ihm zustehenden Arbeitsentgelt bemessen.

§ 2 Höhe der Vergütungen

(1) Die Vergütung einschließlich der auf sie entfallenden Umsatzsteuer darf 14 vom Hundert des dem vermittelten Arbeitnehmer zustehenden Arbeitsentgelts nicht übersteigen. Bei der Vermittlung in Beschäftigungsverhältnisse mit einer Dauer von mehr als zwölf Monaten darf die Vergütung einschließlich der auf sie entfallenden Umsatzsteuer insgesamt 14 vom Hundert des dem vermittelten Arbeitnehmer zustehenden Arbeitsentgelts für zwölf Monate nicht übersteigen.

(2) Bei der Vermittlung in Beschäftigungsverhältnisse bis zu einer Dauer von sieben Tagen darf die Vergütung einschließlich der auf sie entfallenden Umsatzsteuer 18 vom Hundert des dem vermittelten Arbeitnehmer zustehenden Arbeitsentgelts nicht übersteigen.

(3) Die nach den Absätzen 1 und 2 zulässige Höhe der Vergütung darf auch dann nicht überschritten werden, wenn der Vermittler bei der Vermittlung mit einem anderen Vermittler zusammenarbeitet.

5.4 BÜRGERLICHES GESETZBUCH – BGB

Für das Persönlichkeitsrecht wesentlich ist § 823 BGB, der die Ehre schützt. Das Namensrecht und einige Vorschriften über die Rechte von Minderjährigen werden ebenfalls wiedergegeben.

§ 1 Beginn der Rechtsfähigkeit

Die Rechtsfähigkeit des Menschen beginnt mit der Vollendung der Geburt.

§ 2 Eintritt der Volljährigkeit

Die Volljährigkeit tritt mit der Vollendung des 18. Lebensjahres ein.

§ 12 Namensrecht

Wird das Recht zum Gebrauch eines Namens dem Berechtigten von einem anderen bestritten oder wird das Interesse des Berechtigten dadurch verletzt, dass ein anderer unbefugt den gleichen Namen gebraucht, so kann der Berechtigte von dem anderen Beseitigung der Beeinträchtigung verlangen. Sind weitere Beeinträchtigungen zu besorgen, so kann er auf Unterlassung klagen.

§ 104 Geschäftsunfähigkeit

Geschäftsunfähig ist:

1. wer nicht das siebente Lebensjahr vollendet hat,

2. wer sich in einem die freie Willensbestimmung ausschließenden Zustand krankhafter Störung der Geistestätigkeit befindet, sofern nicht der Zustand seiner Natur nach ein vorübergehender ist.

§ 105 Nichtigkeit der Willenserklärung

(1) Die Willenserklärung eines Geschäftsunfähigen ist nichtig.

(2) Nichtig ist auch eine Willenserklärung, die im Zustand der Bewusstlosigkeit oder vorübergehender Störung der Geistestätigkeit abgegeben wird.

§ 106 Beschränkte Geschäftsfähigkeit Minderjähriger

Ein Minderjähriger, der das siebente Lebensjahr vollendet hat, ist nach Maßgabe der §§ 107 bis 113 in der Geschäftsfähigkeit beschränkt.

§ 107 Einwilligung des gesetzlichen Vertreters

Der Minderjährige bedarf zu einer Willenserklärung, durch die er nicht lediglich einen rechtlichen Vorteil erlangt, der Einwilligung seines gesetzlichen Vertreters.

§ 108 Vertragsschluss ohne Einwilligung

(1) Schließt der Minderjährige einen Vertrag ohne die erforderliche Einwilligung des gesetzlichen Vertreters, so hängt die Wirksamkeit des Vertrags von der Genehmigung des Vertreters ab.

(2) Fordert der andere Teil den Vertreter zur Erklärung über die Genehmigung auf, so kann die Erklärung nur ihm gegenüber erfolgen; eine vor der Aufforderung dem Minderjährigen gegenüber erklärte Genehmigung oder Verweigerung der Genehmigung wird unwirksam. Die Genehmigung kann nur bis zum Ablauf von zwei Wochen nach dem Empfang der Aufforderung erklärt werden; wird sie nicht erklärt, so gilt sie als verweigert.

(3) Ist der Minderjährige unbeschränkt geschäftsfähig geworden, so tritt seine Genehmigung an die Stelle der Genehmigung des Vertreters.

§ 109 Widerrufsrecht des anderen Teils

(1) Bis zur Genehmigung des Vertrags ist der andere Teil zum Widerruf berechtigt. Der Widerruf kann auch dem Minderjährigen gegenüber erklärt werden.

(2) Hat der andere Teil die Minderjährigkeit gekannt, so kann er nur widerrufen, wenn der Minderjährige der Wahrheit zuwider die Einwilligung des Vertreters behauptet hat; er kann auch in diesem Falle nicht widerrufen, wenn ihm das Fehlen der Einwilligung bei dem Abschluss des Vertrags bekannt war.

§ 823 Schadensersatzpflicht

(1) Wer vorsätzlich oder fahrlässig das Leben, den Körper, die Gesundheit, die Freiheit, das Eigentum oder ein sonstiges Recht eines anderen widerrechtlich verletzt, ist dem anderen zum Ersatz des daraus entstehenden Schadens verpflichtet.

(2) Die gleiche Verpflichtung trifft denjenigen, welcher gegen ein den Schutz eines anderen bezweckendes Gesetz verstößt. Ist nach dem Inhalt des Gesetzes ein Verstoß gegen dieses auch ohne Verschulden möglich, so tritt die Ersatzpflicht nur im Falle des Verschuldens ein.

Zitierte Fachzeitschriften

- GRUR – Zeitschrift für gewerblichen Rechtsschutz und Urheberrecht
- ZUM – Zeitschrift für Urheber und Medienrecht
- AfP – Archiv für Presserecht

Index

A

Above The Line 66
Agenturarten 26
Aktaufnahmen 84
    Bildnisschutz 46
Allgemeiner Vertrag 24
Amateurmodel siehe Laienmodel
Anschrift 29
Ansprüche
    bei unberechtigter Nutzung 53
Anwalt 41
Arbeitsgage 60
    Höhe 62
Arbeitsgenehmigung
    minderjährige Models 19
Arbeitszeit
    Kinder und Jugendliche 19
ATL 66
Aufnahme
    Art und Inhalt 22
    Gegenstand 29
    Zeit und Ort 31
Ausnahme
    vom Nutzungsverbot 52
    von Einwilligungserklärung 52
Außenwerbung 68
Ausstellung 74, 82

B

Backup-Kind 85
Bearbeitungsrecht 33
Behörde 53
Beiwerk 52
Below The Line 71
Beseitigung und Unterlassung 54
Beweislast
    Einwilligungserklärung 50
BGB
    Gesetzestexte 126
Bild siehe Bildnis
Bildagentur 80
    Rechtefreigabe 81
Bildarchiv 80
Bildband 72
Bildnis
    aus Zeitgeschichte 52
    Definition 44, 46
    Einwilligung für Nutzung 47
    Nutzung über den Vertrag hinaus 39
    Nutzungsarten 47
    ohne Wiedererkennung der Person 82
    wird nicht übersandt 40
Bildnisrecht 44

Index

Bildnisschutz
    Aktaufnahmen 46
    Dauer 44
    Definition 45
    Erkennbarkeit 45
    Personenkreis 45
Bildnutzung
    rechtswidrig 39
Brustmodel 83
BTL 71
Buch 72
Bundesanstalt für Arbeit 27
Buyout 23, 32
    Berechnung 60
    Definition 48

Einwilligung 47
Einwilligungserklärung 48
    Ausnahmen 52
    Beweislast 50
    Inhalt 49
    minderjähriges Model 51
    stillschweigend 49
    Vermutungsregel 48
    Verstorbene 51
    Widerruf 50
E-Mail-Adresse 29
Erkennbarkeit 45
Event 74
Exklusivvertrag 28

C

Casting 18
Casting-Agentur-Vereinbarung
    Muster 100
Checkliste
    vor Vertragsabschluss 21
Cover 72

D

Darstellervertrag
    Muster 94
Definition
    Bildnis 44, 46
    Bildnisschutz 45
    Buyout 48
    Models 61

E

Eigenwerbung 81
Einkommensteuererklärung 17
Einnahmen-Überschuss-Rechnung 17

F

Fachpresse 79
Fälligkeit
    Honorar 34
Fernsehwerbung 66
Foto siehe Bildnis
Fotobuch 82
Fotografie siehe Bildnis
Fußmodel 83

G

Gage
    Berechnung 64
    Kinder 85
Gegenleistung
    sittenwidrige 49
Geldentschädigung 57
Geschäfte
    innereuropäische 17
Gesetzestext
    BGB 126
    Bürgerliches Gesetzbuch 126
    KUG 106
    Kunsturheberrechtsgesetz 106
    Urheberrecht 106, 109

Index

UrhG 106, 109
Vermittler-Vergütungsverordnung 125
VermVergVO 125

Kunst 53
Künstlerdienst 27
Künstlernamen 29
Kunsturheberrechtsgesetz
    Gesetzestext 106

H

Handmodel 83
Handy-Werbung 78
Hauptkind 85
Homepage 19
Honorar 23, 30
    Fälligkeit 34
Hotelkosten 23

L

Laienmodel
    Definition 61
Lizenzanalogie 54
Lizenzentgeltanspruch 39
Location 24

I

Impressumspflicht 19
Innereuropäische Geschäfte 17
Internet 21, 77
Internetwerbung 70
Intimzone 84
Intranet 76

M

Mahnbescheid 38
Mahnung 38
Mehrwertsteuer 17
Messe 74
Minderjähriges Model 18
    Einwilligungserklärung 51
Mitarbeiter-Magazin 76
Mobile Marketing 78
Model
    als Auftraggeber 28
    Definition 61
    Kinder 85
    minderjähriges 18, 51
    selbstständiges 16
Modelagentur
    Arten 26
Modelagenturseite 21
Model-Release-Vertrag 48
    Muster 88
Model-Vereinbarung 48
Mündliche Vereinbarung 22

K

Katalog
    online 80
Kinder-Agentur 26
Kindermodel 85
Kinowerbung 67
Klassische Werbung 66
Kleinunternehmer 17
KöGa-Liste 55
    Anwendungshinweise 60
Komparse 83
Konzert 74
Körperaufnahme 83
KUG
    Gesetzestext 106

Index

N

Nacktaufnahme 84
Name 29
Nichtklassische Werbung 71
Nutzung
    redaktionelle 78
    unberechtigte 53
Nutzungsentgelt
    Berechnung 63
Nutzungsrecht 32
Nutzungsverbot
    Ausnahmen 52

O

Öffentliches Zurschaustellen 47
Öffentlichkeitsarbeit 75
Online-Banner 77
Onlinekatalog 80
Onlinewerbung 70
Out-Of-Home 68

P

Paket 65
    typische Preise 65
PDF-Broschüre 77
Persönlichkeitsverletzung 39
Point-Of-Sale-Werbung 73
Portfolio 82
Pressematerial 80
Printwerbung 69
Profimodel
    Agenturen 27
    Definition 62
Profimodel-Agentur 26
Provision 28
Public Relations 75
Publikation
    interne 76
Publikumspresse 79

R

Rechnung 34
Rechnungstellung 33
Recht am eigenen Bild 32, 44
Rechtefreigabe
    Bildagenturen 81
Rechtsanwaltskosten 57
Redaktionelle Nutzung 78
Reisekosten 23, 31
    Casting 18
    fehlende Erstattung 40
Release-Vertrag 48

S

Sales Promotion 73
Schadensersatz
    Beispiel 63
    Berechnung 63
    nach Lizenzanalogie 54
Schadensersatzanspruch nach Lizenzanalogie
    Beispiele 56
Schauspiel-Agentur 27
Schmerzensgeld 57
Selbstständiges Model 16
Semiprofessionelles Model
    Definition 61
Standby-Kind 85
Statist 83
Steuernummer 16
Stockmaterial 80

T

TFP-Vereinbarung 81
TFP-Vertrag 25
Time for Pictures 25
Time for Print(s) 25

Index

U

Umsatzsteuer
    Befreiung 36
Umsatzsteuererklärung 17
Umsatzsteueridentifikationsnummer 17
Umsatzsteuerpflicht 36
Unberechtigte Nutzung
    Ansprüche 53
Unterbringungskosten 23
Unterlassung 54
Urheberrecht
    Gesetzestext 106, 109
    TFP-Verträge 25
UrhG
    Gesetzestext 106, 109
Ust-Id-Nr. siehe Umsatzsteueridentifikationsnummer

V

Veranstaltung 53
Verbreiten 47
Vereinbarung
    mündliche 22
Verkaufsförderung 73
Verlag 78
Vermittler-Vergütungsverordnung
    Gesetzestexte 125
Vermittlungsprovision 28
Vermittlungsvergütungsverordnung 28
Vermutungsregel 48
VermVergVO
    Gesetzestexte 125
Vernichtung der Fotos 54
Veröffentlichen 47
Verpackungswerbung 71
Verpflegungskosten 23
Versammlung 52
Verstorbene
    Einwilligungserklärung 51
Vertrag 24
    allgemeiner 24
    Einwilligungserklärung 49
    Exklusivvertrag 28
    mit Modelagenturen 26
    mündlicher 21
    Muster 87
    Namensnennung 29
    TFP 25
Vertragsabschluss 21
Vertragsänderung 30
Vertragsklausel 29
Vertragsmuster 87
Vertragsstörungen 37
Vertragstyp 24
Vertragsverletzung
    durch Model 40
Verzichterklärung
    Muster 92
VKF 73

W

Website
    des Kunden 77
Werbung
    ATL 66
    BTL 71
    klassische 66
    nichtklassische 71
Wettbewerb 82
Widerruf
    Einwilligungserklärung 50

Z

Zeitgeschichte 52
Zeitschrift 78